MANUEL DE SOCCER

MANUEL
DE SOCCER

Ted Buxton
avec la collaboration
d'Alex Leith et Jim Drewitt

Avant-propos de Gordon Jago

Traduit de l'anglais
par Jean-Robert Saucyer

MODUS VIVENDI

Copyright © 2006
Quintet Publishing Limited

Paru sous le titre original de
Soccer Skills For Young Players

Publié par
Les Publications Modus Vivendi inc.
55, rue Jean-Talon Ouest, 2ᵉ étage
Montréal (Québec) Canada
H2R 2W8

Directeur artistique : Richard Dewing
Directrice du projet : Clare Hubbard
Photographe : Gary Prior
Traduction : Jean-Robert Saucyer
Infographie : Modus Vivendi

Crédits photos : g = gauche, d = droite, h = haut, b = bas
pages 1 Ben Radford, 2-3 Ross Kinnaird, 5 Vincent Laforet, 21 Ben Radford, 23g Laurence Griffiths, 24b David Cannon, 25b Jed Jacobsohn, 26b Clive Brunskill, 27d Chris Lobina, 28b Ben Radford, 31d Mike Hewitt, 37 Ben Radford, 43 Ezra Shaw, 45 Stu Forster, 49 Ross Kinnaird, 50d Christophe Guibbaud, 53b Laurent Zabulon, 54 Stu Forster, 56-57 Shaun Botterill, 58 Alex Livesey, 61g Clive Brunskill, 63d Claudio Villa, 66h Ross Kinnaird, 68 Laurence Griffiths, 73h Mike Hewitt, 75 Clive Brunskill, 78h Jed Jacobsohn, 79hg Claudio Villa, bg Jamie McDonald, 83b Clive Brunskill, 85 Gary M. Prior, 86 hd David Cannon, 88d Shaun Botterill, 89h Shaun Botterill, 89b Ben Radford, 90g Gary Palmer, 96h Craig Prentis, 99 Clive Brunskill, 100h Stu Forster, 102d Gary M. Prior, 105b Alex Livesey, 109d Mike Hewitt, 111b Graham Chadwick, 113 Claudio Villa, 114d Stu Forster, 117b Clive Brunskill, 119 Claudio Villa, 121h Stu Forster, b Vincent Laforet, 122 Ross Kinnaird, 125 Ben Radford.

Dépôt légal : 2ᵉ trimestre 2006
Bibliothèque nationale du Québec
Bibliothèque nationale du Canada

ISBN : 2-89523-393-4

Tous droits réservés. Imprimé à Singapour. Aucune section de cet ouvrage ne peut être reproduite, mémorisée dans un système central ou transmise de quelque manière que ce soit ou par quelque procédé, électronique, mécanique, photocopie, enregistrement ou autre, sans la permission écrite de l'éditeur.

L'éditeur considère que tous les énoncés, renseignements et conseils livrés dans cet ouvrage sont vrais et exacts. L'auteur, les détenteurs du droit d'auteur et l'éditeur n'acceptent aucune responsabilité légale pour faute ou omission.

Nous reconnaissons l'aide financière du gouvernement du Canada par l'entremise du Programme d'aide au développement de l'industrie de l'édition (PADIÉ) pour nos activités d'édition.

Gouvernement du Québec - Programme de crédit d'impôt
pour l'édition de livres - Gestion SODEC

Table des matières

Avant-propos de Gordon Jago

Chapitre un
La maîtrise du ballon   20

Chapitre deux
La maîtrise de la passe   36

Chapitre trois
Les jeux de tête   48

Chapitre quatre
Le tir de précision   62

Chapitre cinq
La course avec le ballon   74

Chapitre six
Le lancer bloqué   84

Chapitre sept
La précision des coups préparés   98

Chapitre huit
Les défensives   112

Chapitre neuf
Un jeu d'équipe   120

Glossaire   126

Adresses utiles   127

Index   128

AVANT-PROPOS

DE GORDON JAGO

Les joueurs des équipes professionnelles consacrent de nombreuses heures à la préparation d'un match car ils savent que seul un entraînement sans relâche améliorera leur jeu. Si vous souhaitez devenir un bon joueur, que ce soit pour le plaisir de disputer un match entre amis, d'appartenir à une équipe d'amateurs ou en vue de devenir un joueur professionnel, il vous faut suivre cet exemple. Un entraînement rigoureux vous permettra de perfectionner des techniques de jeu grâce auxquelles vous serez en mesure de jouer sans songer à ce que font vos pieds. Chaque mouvement doit devenir un réflexe.

Dans cet ouvrage, Ted Buxton — l'un de mes anciens collègues, qui a une expérience considérable au chapitre du soccer international — présente des exercices d'entraînement que pratiquent les joueurs professionnels afin de parfaire leur technique. Quelques-uns de ces exercices sont fort simples et favorisent la maîtrise des techniques de base grâce auxquelles vous serez un bon joueur ; d'autres sont plus complexes à cause des diverses manœuvres devant conduire à une passe et requièrent souvent l'équipe dans son ensemble. Bref, on y trouve de tout pour tous, à savoir les joueurs jeunes et moins jeunes, de même que les entraîneurs.

En plus de décrire les techniques de jeu et les exercices préparatoires, l'auteur prodigue ses conseils relatifs à l'échauffement et à la récupération après coup, dont l'importance est capitale si l'on veut atténuer les risques de blessure et accroître sa souplesse. Il livre quelques conseils généraux sur l'alimentation, notamment ce qu'il convient de boire et de manger avant un match, de sorte que chaque joueur puisse tabler au maximum sur sa bonne forme et son adresse.

À la lecture de ce livre, vous constaterez que la réussite de l'entraînement et l'adresse d'un joueur se mesurent avant tout au plaisir qu'il tire de la pratique de ce sport. Il faut prendre garde de ne pas adopter l'esprit triomphaliste des joueurs professionnels pour qui la victoire importe quel qu'en soit le prix. Prendre part au match doit primer sur tout. Cela dit, la victoire procure au joueur une agréable sensation qui, s'il s'adonne aux exercices d'entraînement et s'il parfait ses habiletés, trouvera assurément la confiance nécessaire pour affronter toutes les situations sur le terrain et risquera certes de marquer des buts gagnants.

> Après une carrière réussie au double titre de joueur et d'entraîneur professionnel en Angleterre, Gordon Jago a migré aux États-Unis pour y vivre et travailler. Il fut entraîneur pour les Rowdies de Tampa Bay, rôle qu'il exerce actuellement au profit des Sidekicks de Dallas.

EXERCICES D'ÉCHAUFFEMENT ET D'ÉTIREMENT

Avant une séance d'entraînement ou un match, l'équipe doit d'abord accomplir quelques exercices d'échauffement puis d'étirement pour préparer la charge musculaire à l'activité physique qu'elle s'apprête à déployer. Les joueurs qui amorceraient un match sans avoir réchauffé leurs muscles au préalable ne se déplaceraient pas aussi librement ni aussi rapidement qu'ils le devraient et encourraient le risque d'un claquage ou d'une élongation musculaire. L'élongation d'un muscle ou d'un tendon compte pour plus de la moitié des blessures que s'infligent les joueurs de soccer ; il est possible de contenir cette statistique à un seuil minimal pour peu que l'on prévoie une séance d'échauffement avant un match. L'étirement accroît également la longueur du pas, de sorte que l'on court plus vite et plus longtemps, comme il favorise la mobilité quand vient le moment d'effectuer une torsion ou de se tourner. Plus un joueur avance en âge, plus la séance d'échauffement et d'étirement est nécessaire, bien que cela ne sous-entende pas que les jeunes gens peuvent s'y soustraire.

Il est essentiel d'étirer tous les muscles principaux afin de les assouplir et de les préparer à l'effort qu'ils déploieront au cours de la séance d'entraînement ou du match. Mais avant d'étirer ses muscles, il faut échauffer son corps. Il faut aborder et mettre fin à chacun des étirements sans se presser. Ne faites jamais de rebond lorsque vous vous étirez. Il faut expirer lentement lorsqu'on amorce un étirement et y mettre fin au premier signe d'inconfort, si le muscle commence à trembloter ou à brûler.

Exercices d'échauffement

Avant d'entreprendre les exercices d'étirement, il faut d'abord s'échauffer un peu afin d'accroître le rythme cardiaque et d'activer la circulation sanguine dans l'ensemble de l'organisme, en particulier pendant la froide saison ou si l'on vit dans un pays nordique. La période d'échauffement doit comporter environ cinq minutes de jogging léger. Avant un match, toute l'équipe devrait jogger ensemble en formant une file ; cela favorisera la camaraderie entre les joueurs et pourra déstabiliser l'équipe adverse qui y verra un modèle d'unité avant le match. Alors que vous courez, balancez les bras, les coudes vers l'extérieur, toujours à l'unisson afin de projeter une image d'unité. Vous pourriez même entonner une chanson rassembleuse pendant l'échauffement.

Conseils judicieux

Prenez garde lorsque vous vous étirez car, à défaut de bien faire le mouvement, vous pourriez encourir le type de blessure que vous tentez d'éviter. Voici quelques conseils en vue de vous étirer de façon sûre et efficace :

- Ne faites aucun exercice d'étirement avant de vous être échauffé.
- Amorcez l'étirement sans vous presser et mettez-y fin tout aussi lentement.
- Maintenez chaque étirement dans une position maximale (sans éprouver de douleur).
- Tenez la position pendant dix à vingt secondes, en comptant les secondes et en stabilisant votre corps.
- Ne faites jamais de rebond lorsque vous vous étirez.
- Expirez au moment où vous amorcez un étirement.
- Ne forcez jamais un étirement jusqu'à en éprouver de l'inconfort.
- Si vous avez mal au muscle que vous étirez ou s'il commence à trembloter, relâchez aussitôt la tension.
- Forgez-vous une séquence d'exercices d'échauffement et n'en déviez pas. Certains estiment qu'il est préférable de pratiquer chaque fois les mêmes exercices, d'autant qu'ainsi vous n'oublierez pas un groupe musculaire.
- Étirez-vous avant et après la séquence d'exercices.

ÉTIREMENTS DU TRONC INFÉRIEUR

Étirement des ischio-jambiers
Posez un genou au sol en étirant l'autre jambe devant vous, le talon au sol et la pointe du pied vers le haut. Mettez un peu de poids sur le talon jusqu'à ce que vous éprouviez une légère tension du muscle ischio-jambier (qui se trouve sur la face arrière de la cuisse). Ne provoquez jamais de saccades lorsque vous étirez un muscle ou un tendon. Amorcez doucement l'étirement et tenez la position pendant 20 secondes avant de décontracter lentement. Étirez-vous ainsi à trois reprises et passez à l'autre jambe.

Étirement des quadriceps
Tenez-vous sur une jambe et amenez l'autre à la hauteur du siège. Vous devriez joindre les genoux, la jambe de soutien légèrement fléchie, le bassin contracté vers l'avant. Il est difficile de conserver son équilibre dans cette position, aussi appuyez une main contre un mur ou un arbre, voire sur l'épaule d'un coéquipier. Amenez le pied doucement vers le siège et sentez les muscles de la cuisse s'étirer. Tenez la position pendant 20 secondes, relâchez, répétez trois fois, puis passez à l'autre jambe.

Étirement de l'aine
Asseyez-vous et joignez vos pieds, plante contre plante, en fléchissant les genoux et en pointant les orteils devant vous. À l'aide de vos coudes, exercez une légère pression sur vos genoux de manière à sentir l'étirement à l'aine. Procédez avec douceur, tenez la position pendant 20 secondes, relâchez et répétez trois fois.

Étirement des mollets
Avancez une jambe, fléchissez le genou et portez votre poids devant, au-dessus des orteils, de manière à étirer la jambe derrière. Penchez-vous en avant jusqu'à ce que vos mains touchent le sol. Vos deux pieds doivent être en parallèle. Relevez lentement le tronc et exercez une pression ascendante sur la jambe en extension et sentez le muscle du mollet qui s'étire. Tenez la position pendant 20 secondes et relâchez, reprenez trois fois, puis passez à l'autre jambe.

▲ Mollet

▲ Ischio-jambiers ▲ Quadriceps ▲ Aine

▼ Ensemble du corps

▲ Sauts de grenouille

▲ Redressements assis

Exercices d'échauffement et d'étirement

ÉTIREMENTS DU TRONC SUPÉRIEUR

Les étirements du tronc supérieur sont particulièrement importants pour les gardiens de but, mais également pour les joueurs de champ extérieur. Ces derniers se servent de leur tronc supérieur pour faire plusieurs mouvements, dont les sauts, les coups de tête et les lancers ; aussi ne faut-il pas négliger ces étirements.

Afin d'étirer le tronc supérieur, écartez les pieds à la largeur du bassin, fléchissez légèrement les genoux, et contractez le bassin vers l'avant. Cette position vous empêchera de cambrer les lombes.

Étirement des épaules et des flancs
En position debout, écartez les pieds à la largeur du bassin et fléchissez légèrement les genoux. Placez les mains sur la nuque. Penchez la tête d'un côté. Sentez l'étirement de l'épaule et du flanc. Tenez la position pendant dix secondes, répétez trois fois et changez de côté.

Étirement des bras et des épaules
Joignez les doigts et étirez les mains au-dessus de votre tête en poussant les paumes vers le ciel. Étirez-vous jusqu'à sentir les muscles de l'épaule et du bras qui s'allongent. Tenez la position pendant dix secondes et reprenez trois fois.

Étirement des épaules
Joignez les doigts derrière vous, de sorte que vos paumes se trouvent face à votre dos. Tirez les doigts vers le sol. Sentez les muscles des omoplates qui s'allongent. Tenez la position pendant dix secondes. Répétez trois fois.

Étirement du cou
En position debout, les mains sur les hanches, penchez la tête d'un côté, de sorte que l'oreille frôle l'épaule. Sentez les muscles latéraux qui commencent à s'allonger. Tenez la position pendant cinq secondes et relâchez ; faites de même de l'autre côté. Ensuite, inclinez la tête vers l'arrière, le visage vers le ciel, et tenez la position pendant cinq secondes avant de ramener la tête en position normale. Inclinez la tête vers l'avant, le menton posé sur le sternum, tenez la position pendant cinq secondes et ramenez à la position normale. Répétez trois fois.

Étirement des pectoraux
Un exercice très simple ! En position debout, étirez les bras de chaque côté en les ramenant quelque peu vers l'arrière. Tenez la position pendant 20 secondes et relâchez.

Étirement de la partie supérieure du dos
Entrecroisez les doigts devant votre torse, les paumes tournées vers vous. Détendez les épaules et contractez les bras droit devant. Sentez l'étirement qui s'étend à la partie supérieure du dos. Répétez trois fois.

Étirement des triceps brachiaux
Avancez la jambe droite, fléchissez le genou et étirez la jambe gauche qui se trouve derrière. Fléchissez le coude gauche et ramenez-le légèrement vers l'arrière, de sorte que le poing soit à la hauteur des hanches. À partir de cette position, allongez le bras ; vous devriez sentir votre triceps (le muscle de la région postérieure du bras) qui fournit un effort. Répétez huit fois. Le mouvement doit être initié à partir du coude et non de l'épaule. Avant de passer au bras droit, changez de position, de sorte que votre pied gauche se trouve devant.

▲ Pectoraux

▲ Flancs et cou

▲ Taille

▲ Partie supérieure du dos ▲ Triceps brachial ▲ Épaule et partie supérieure du bras

Exercices d'échauffement et d'étirement

SÉANCE DE RÉCUPÉRATION

Il est aussi important de récupérer après une séance d'entraînement ou un match qu'il importe de se réchauffer au préalable. Le soccer est un sport très vigoureux et s'arrêter de but en blanc après une partie peut occasionner divers problèmes, à savoir :

- L'excédent d'acide lactique présent dans l'organisme après une séance d'exercices vigoureux peut favoriser l'agitation et la perte de sommeil alors que le repos et le sommeil sont nécessaires à la récupération.
- Les résidus qui s'accumulent à l'intérieur de l'organisme peuvent causer des raideurs et des douleurs musculaires et articulaires qui gêneront vos mouvements pendant plusieurs jours après un match.
- Un décroissement rapide de la tension artérielle, de la température corporelle et de la fréquence cardiaque sont susceptibles de porter atteinte à la santé.

Les joueurs qui ne récupèrent pas comme il se doit après un effort physique (de même que ceux qui ne se réchauffent pas au préalable) encourent davantage le risque de se blesser et seront moins performants par la suite. Leur carrière professionnelle sera probablement plus brève.

Séance de récupération et d'étirement
On peut atténuer ces ennuis en s'adonnant à une séance de récupération après l'effort, laquelle est similaire à l'échauffement qui précède la partie, soit deux minutes de jogging léger suivies de cinq minutes d'étirements. Pratiquer quelques exercices en douceur afin de délier les muscles principaux permettra au système lymphatique d'éliminer les toxines et les résidus.

L'organisme sécrétera des hormones qui feront contrepoids à l'adrénaline produite pendant les exercices pour favoriser le repos. La lenteur des exercices de récupération permettra à la tension artérielle, à la température corporelle et à la fréquence cardiaque de décroître peu à peu, non pas de façon abrupte.

Se réhydrater
Il est important de se réhydrater après un match. L'organisme peut éliminer jusqu'à quatre litres d'eau par le biais de la transpiration et il importe de la remplacer. Les boissons isotoniques vous réhydrateront plus rapidement que l'eau (voyez la page 18 pour apprendre à en préparer).

Refaire le plein d'énergie
Après vous être réhydraté, refaites le plein d'énergie afin de remplacer celle que vous avez dépensée ; on conseille les aliments riches en glucides, notamment le riz, le pain ou les pâtes. La plupart des clubs de sport disposent d'une cafétéria où l'on sert de tels aliments à profusion.

Se reposer
Profitez d'une bonne nuit de sommeil après un match pour permettre à l'organisme de récupérer ses forces et d'être dispos le lendemain. On conseille sept à huit heures de sommeil, mais cela varie en fonction des besoins de chacun.

ENTRAÎNEMENT HORS SAISON

S'il n'est pas utile que l'entraînement hors saison soit aussi intense que lorsque vous jouez chaque semaine, vous constaterez une nette différence si vous reprenez l'entraînement avant la saison alors que vous avez cultivé une bonne forme relative pendant la période d'arrêt. Certes, le repos a ses bienfaits après les rigueurs d'un match, mais pratiquer quelques exercices pour conserver la bonne forme – notamment la course, un peu de sprint, peut-être des poids et haltères et toujours des étirements – pourrait vous permettre de jouer au sein de l'équipe lors du match inaugural de la saison plutôt que de rester assis sur le banc des remplaçants.

La course
Parcourir au pas de course une distance de cinq kilomètres à raison de deux ou trois fois par semaine permettra aux joueurs qui sont déjà en bonne forme physique de la conserver pendant la morte-saison. Afin de conserver la forme, il faut courir non pas jogger, mais sans excéder un parcours de cinq kilomètres si l'on joue au soccer, car toute distance excédentaire vous priverait de l'énergie nécessaire au jeu.

Le sprint
En plus de la course, vous pouvez conserver la bonne forme pendant la morte-saison en vous adonnant au sprint afin de consolider votre endurance musculaire à laquelle vous puiserez lorsque reprendra l'entraînement intensif. On ne doit pas pratiquer le sprint plus de deux fois par semaine pour que l'organisme puisse récupérer. Le programme de sprint (voir l'encadré ci-dessous) est conçu pour les joueurs (de plus de 18 ans) en bonne forme physique et qui s'intéressent sérieusement au soccer. Vous pouvez l'adapter en fonction de votre forme physique, mais il ne convient pas aux enfants de moins de 11 ans.

ENTRAÎNEMENT D'AVANT-SAISON

Les joueurs d'une équipe doivent avoir la forme en début de saison ; voilà pourquoi les joueurs des équipes professionnelles retournent à l'entraînement environ deux mois avant le match inaugural. Alors que la plupart auront fait de l'exercice pendant la morte-saison pour rester en forme, ils devront tous déployer beaucoup d'effort pour retrouver la forme optimale qui leur permettra d'être compétitifs sur le terrain. Un bon entraînement avant-saison préparera les joueurs à passer à l'action dès le premier botté. L'entraînement d'un joueur doit prévoir un assemblage de course, de lever de poids, d'exercices qui favorisent l'endurance et la souplesse, et de repos.

La course
Au début de la séance d'entraînement avant-saison, chaque joueur doit retrouver sa bonne forme et consolider sa résistance en pratiquant la course. Vous devriez courir chaque jour, d'abord lentement, puis avec plus de vigueur. Vous pourriez entrecouper une course de fond de sprints intensifs afin de vous préparer aux mouvements rapides qui vous seront utiles pendant les matchs. L'exercice idéal consisterait à parcourir 6 kilomètres au pas de course, à accélérer sur 25, 50 et 75 mètres tous les 900 mètres parcourus. Un entraîneur peut intéresser ses joueurs à l'entraînement en enregistrant leur performance et en les incitant à se surpasser le lendemain.

PROGRAMME DE SPRINT

Première et deuxième semaines		Troisième et quatrième semaines		Cinquième et sixième semaines	
Distance	Temps de repos entre les sprints	Distance	Temps de repos entre les sprints	Distance	Temps de repos entre les sprints
10 x 12 mètres	30 secondes	10 x 18 mètres	20 secondes	10 x 20 mètres	20 secondes
20 x 12 mètres	40 secondes	20 x 18 mètres	30 secondes	20 x 25 mètres	30 secondes
30 x 8 mètres	1 minute	30 x 12 mètres	45 secondes	30 x 18 mètres	45 secondes
40 x 5 mètres	1 minute	40 x 10 mètres	1 minute	40 x 15 mètres	1 minute
50 x 3 mètres		50 x 6 mètres		50 x 10 mètres	

PREMIER EXERCICE
SPRINT ET JOGGING

Objectif : Consolider et améliorer sa force de sprint, sa vitesse et son endurance
Joueurs : Un seul jusqu'à l'équipe complète
Niveaux : Débutant, intermédiaire, avancé
Équipement : Aucun

Les joueurs s'alignent sur la ligne du but, sprintent jusqu'à la surface de réparation et retournent à la ligne du but en joggant. Ensuite, ils joggent jusqu'à la hauteur du point de penalty, soit une distance de 11 mètres, et reviennent à leur point de départ en sprintant à toute vitesse. Par la suite, ils joggent jusqu'à la ligne de démarcation de la surface de réparation, soit une distance de seize mètres, et reviennent au point de départ en sprintant à toute vitesse. Pour terminer, ils joggent jusqu'à la circonférence du cercle central et retournent au pas de course à vitesse trois quarts. Lorsque débute l'entraînement avant-saison, il faut s'accorder deux minutes de récupération avant de refaire l'exercice. À mesure qu'approche le premier match de la saison, le temps de récupération devrait s'atténuer jusqu'à ce que vous soyez en mesure d'accomplir l'exercice en ne vous accordant que 15 secondes de récupération.

À mesure que vous acquérez la bonne forme, vous pouvez augmenter le nombre de reprises de l'exercice ou l'exécuter sur le mode pyramidal, c'est-à-dire que vous joggez et sprintez quatre fois à l'intérieur de la surface de réparation, trois fois en direction du point de penalty, deux fois vers la ligne de surface de réparation et une fois vers le centre du cercle.

De nouveau, accordez-vous dans un premier temps trois minutes de récupération avant de refaire l'exercice pour ramener cette période à trente secondes avant le match inaugural de la saison.

Afin de favoriser la compétitivité et de mousser l'esprit d'équipe, cet exercice peut s'accomplir en relais ou en équipes qui s'affrontent ou qui jouent contre la montre.

Entraînement d'avant-saison

DEUXIÈME EXERCICE
SUIVEZ LE GUIDE !

Objectifs : Améliorer sa vitesse de sprint sur une courte distance, consolider et améliorer sa bonne forme physique
Joueurs : Entre 3 et 5
Niveaux : Débutant, intermédiaire, avancé
Équipement : Aucun

Entre trois et cinq joueurs formant une ligne commencent à jogger autour d'un périmètre en maintenant une distance de trois mètres entre eux. Sur l'ordre de l'entraîneur ou d'un joueur désigné, le joggeur à la queue passe à la vitesse trois quarts à la tête du peloton pour mener le groupe. On refait de même à intervalles de 30 secondes. Dans un premier temps, on devrait s'adonner à cet exercice pendant quelque cinq minutes et en augmenter la durée à mesure que le début de la saison approche.

Épreuves sur la piste

Au cours des deux semaines précédant le début de la saison, alors que les joueurs ont retrouvé une vitesse et une endurance optimales, organisez des courses de compétition. Ils peuvent se concurrencer sur des distances de 90 et de 730 mètres. Il faut chronométrer la vitesse de chacun des joueurs lors de chacune des courses. S'ils ont l'esprit de compétition, ils apprécieront davantage leur séance d'entraînement, tout éreintante qu'elle soit, et leurs efforts se verront récompensés de l'amélioration de leurs résultats.

TROISIÈME EXERCICE
JEU DE PIEDS

Objectifs : Consolider la résistance des jambes et améliorer l'acuité des réflexes et l'agilité
Joueurs : Un seul jusqu'à l'équipe complète
Niveaux : Débutant, intermédiaire, avancé
Équipement : De 10 à 20 cônes de signalisation

Cet exercice aide à améliorer la coordination des pieds et l'équilibre. Il favorise l'acuité, la vitesse et la précision, toutes choses utiles lorsqu'on commence à s'entraîner avec le ballon.

Disposez les cônes de signalisation en zigzag. Chaque joueur doit slalomer entre les cônes en veillant à n'en toucher ou n'en renverser aucun.

Gym tonique

Vous pouvez compléter

l'entraînement avant-saison avec des séances d'exercice dans un gymnase. L'entraînement et la pratique du soccer fortifieront le tronc inférieur mais il faut également que le tronc supérieur devienne plus fort pour qu'un joueur ait de l'équilibre, qu'il puisse retenir d'autres joueurs et s'emparer du ballon. Avant d'amorcer un entraînement dans un gymnase, veuillez consulter un moniteur professionnel qui concevra un programme à votre intention, en fonction de votre taille, votre force et votre forme physique.

Ballon d'essai

À ce stade, il importe de se concentrer sur les exercices avec le

ballon. Choisissez quelques-uns des exercices parmi les plus simples de cet ouvrage (en particulier entre les pages 22 et 35). Vous devez vous familiariser de nouveau avec le ballon afin de bien le maîtriser. Il est préférable de s'entraîner avec le ballon avant les courses et les exercices axés sur l'endurance, lesquels draînent une grande quantité d'énergie. Après coup, la fatigue physique et psychologique qui s'est emparée du joueur aurait tôt fait de rendre l'exercice inefficace.

Match

Les joueurs de soccer adorent disputer un match et aucune séance d'entraînement ne serait complète à défaut de jouer un peu, qu'il s'agisse d'une partie opposant cinq, sept ou onze joueurs. Avant la saison, il importe également d'organiser des rencontres amicales entre onze opposants pour que l'entraîneur ait l'occasion d'évaluer la forme de chacun des joueurs en particulier et de l'équipe dans son ensemble, et pour que les joueurs puissent retrouver leur synergie. Bien sûr, il faut tenir compte du niveau de l'équipe adverse (une défaite cinglante ne ferait rien pour remonter le moral de l'équipe) et de la durée de chaque match par rapport à la suite de l'entraînement avant-saison.

LE RÉGIME ALIMENTAIRE

Pour être en forme au cours de la nouvelle saison, il faut prévoir en détail un régime alimentaire et ne pas y déroger. Le maître mot d'un régime, que ce soit sous l'angle de la santé ou de la performance sportive, est *équilibre*. S'il vous faut perdre du poids (un excédent de masse grasse risque d'entraver votre performance), vous devez réduire votre consommation de matières grasses. Toutefois, il ne faut pas éliminer complètement votre apport en gras.

Vous devez faire le plein du carburant indiqué pour l'exercice physique (les aliments riches en glucides) afin de tirer profit des séances d'entraînement et de prévenir la fatigue qui s'installe peu avant la fin d'un match. Assurez-vous de consommer suffisamment de protéines. Un entraînement adéquat et un régime alimentaire approprié sont les seuls moyens d'accroître la masse musculaire. Un régime alimentaire doit également fournir tous les nutriments essentiels tels que les vitamines et minéraux qui contribuent à la forme physique et à la santé.

Les joueurs de soccer devraient faire un régime qui leur assure un apport énergétique selon les proportions suivantes : 55 % de source glucidique, 15 % de source protéique et le reste en provenance de matières grasses.

Réduire la consommation de gras
Réduire votre consommation de matières grasses vous aidera à retrouver la forme en prévision de la nouvelle saison. Voici quelques conseils pour y parvenir.
- Remplacez le beurre par de la margarine allégée et tartinez-la avec modération.
- Buvez du lait ne contenant que 1 ou 2 % de matières grasses.
- Consommez peu de sauces à base de crème ; remplacez-les par des sauces à la tomate ou au fromage allégé.
- Remplacez la mayonnaise et les sauces à salade crémeuses par des vinaigrettes à l'huile allégée ou sans huile.
- La viande rouge maigre, le poulet sans la peau et le poisson sont de bons aliments à teneur réduite en matières grasses et riches en protéines.
- Consommez très peu d'aliments frits et de confiserie.

Régime végétarien
Un régime équilibré qui exclut la viande, le poisson ou la volaille peut fournir tous les éléments nutritifs et l'énergie nécessaires à un joueur de soccer.
- Prévoyez plusieurs sources de protéines végétariennes.
- Consommez régulièrement des produits laitiers allégés.
- Assurez-vous d'un bon apport en fer en consommant quantité de céréales complètes et enrichies de vitamines, de pain de blé entier, de légumineuses (pois, fèves, flageolets, etc.) et de légumes verts.
- Améliorez l'absorption du fer en consommant au même moment divers aliments riches en vitamine C, par exemple un fruit, un jus de fruits et des légumes.

Sources de protéines
Les protéines sont nécessaires à la croissance et à la réparation de l'organisme. Elles entrent dans la constitution de toutes les cellules de l'organisme, en particulier de celles qui composent le tissu musculaire. Les protéines proviennent de sources animales et végétales. Voici une liste d'aliments riches en protéines.

Sources animales
- Le bœuf, l'agneau et le porc maigres
- Le foie et les rognons
- Le jambon et le bacon maigres
- La volaille
- Les poissons
- Le lait, les fromages, le yaourt et les œufs
- Choisissez toujours des aliments allégés, lorsque faire se peut (du lait comptant 1 ou 2 % de matières grasses, du yaourt allégé et des fromages allégés ou à faible teneur en matières grasses).

> Si vous pratiquez régulièrement une activité exigeante telle que le soccer ou la course, vous éliminez la graisse à un rythme rapide. Ne vous préoccupez pas de la quantité de graisse que vous consumez ; il importe plutôt de consommer des aliments sains selon la quantité dont votre organisme a besoin en fonction de votre mode de vie, ni plus ni moins. Si votre alimentation vous préoccupe, consultez un médecin ou l'infirmière de votre école.

Sources végétales
- Les fèves cuites au four, les haricots rouges, etc.
- Les pois, les lentilles et autres légumineuses
- Les fruits à écale et les graines
- Le pain, les pommes de terre, le riz, les pâtes et les céréales

Produits de soja
- Bien que leur teneur en protéines ne soit pas particulièrement élevée, la quantité consommée afin de satisfaire aux exigences glucidiques comptera également pour une bonne part de l'apport en protéines.

Un régime sain procure l'énergie nécessaire afin de prévenir la fatigue qui s'installe vers la fin d'une longue séance d'entraînement exténuante. De plus, il assure l'hydratation de l'organisme avant, pendant et après chaque séance d'entraînement et recharge les muscles qui viennent de fournir un effort. Il faut toujours boire au moins deux grands verres d'eau avant l'entraînement et avant un match.

Refaire le plein d'énergie
Vous devez refaire le plein peu après chaque séance d'entraînement, théoriquement à l'intérieur des 30 minutes et assurément au cours de l'heure qui suit la clôture de la séance.
- Les collations allégées à forte teneur glucidique et les boissons isotoniques sont tout indiquées.
- Assurez-vous d'un apport glucidique élevé au long de la journée.
- Ne sautez pas de repas, auquel cas il serait difficile, voire impossible, de satisfaire vos besoins énergétiques.
- Si vous devez vous entraîner pendant la matinée, ne sautez pas le petit-déjeuner afin de traîner au lit. Vous devez refaire le plein d'énergie après le jeûne de la nuit.
- Assurez-vous que chacun de vos repas offre une bonne source de glucides.

Collations pleines d'énergie
- Les bananes
- Les fruits déshydratés, par exemple les raisins et les abricots
- Les barres céréalières ou protéiques
- Les crêpes
- Les muffins ou les petits pains complets à faible teneur en gras
- Les craquelins à faible teneur en gras
- Les boissons isotoniques

De bonnes sources de glucides
- Les céréales, de préférence celles qui sont complètes
- Les pains, muffins, bagels et autres produits de boulangerie, confectionnés de préférence avec de la farine complète
- Les pâtes et les nouilles
- Le riz
- Les fèves cuites au four
- Les pommes de terre, surtout si elles sont bouillies, en purée ou cuites au four
- La pizza, mais prenez garde aux garnitures grasses telles que les trois fromages et le *pepperoni*
- Les fruits et les légumes tels que le céleri et les carottes
- Le yaourt accompagné de fruits frais
- Les jus de fruits non sucrés

Un verre requinquant
Boire de l'eau suffit à compenser une légère sécrétion sudorale. Mais dès que la sudation devient importante (en raison de l'intensité de l'entraînement, de la chaleur ou de l'humidité ambiante), il est préférable de boire une boisson contenant de l'eau, un peu de glucides et un peu de sodium qui permettra l'hydratation de l'organisme et refera le plein d'énergie dépensée. Vous pouvez acheter ces boissons dans le commerce ou alors les préparer. Voici quelques possibilités :
- les boissons pour sportifs qui contiennent jusqu'à 8 % de glucides (pas plus de 7 g pour 100 ml [4 oz]) ;
- 50 g (2 oz) de glucose ou de sucre, une généreuse pincée de sel et un litre d'eau ;
- 500 ml (18 oz) de jus d'orange ou de pamplemousse non sucré, une généreuse pincée de sel et 500 ml (18 oz) d'eau ;
- 200 ml (8 oz) de boisson gazeuse ordinaire, une généreuse pincée de sel et de l'eau pour emplir un pichet de 1,3 l (46 oz).

Préparez chaque jour un pichet de boisson et jetez tout excédent que vous ne boiriez pas. Veillez à la propreté de votre bouteille d'eau. Les boissons sucrées attirent les insectes et autres bestioles indésirables. L'hygiène importe en tout temps mais particulièrement à la chaude saison.

COMMENT CONSULTER CE LIVRE

Les chapitres qui suivent proposent une série d'exercices en vue d'apprendre la base du jeu ou, si vous connaissez quelque peu le soccer, qui vous permettront d'améliorer ce que vous savez déjà. En plus des exercices, vous trouverez des encadrés axés sur les mouvements essentiels à la pratique de ce sport — le botté, la passe, le tir au but —, lesquels seront mis en pratique pendant les séances d'exercice. L'objectif de chaque exercice est clairement expliqué, de même que le nombre de joueurs exigé, l'équipement nécessaire et le niveau d'adresse des participants.

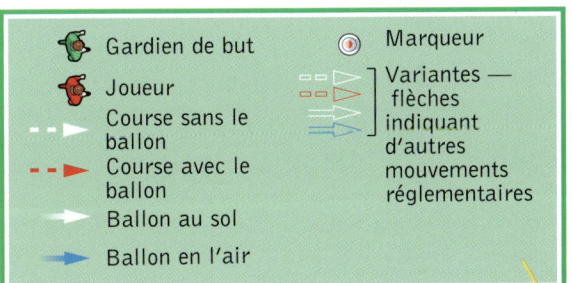

Niveaux d'adresse

Débutant
Les joueurs de première année qui appartiennent à un ensemble structuré. Ces exercices les aideront à améliorer l'adresse nécessaire au blocage, à la passe, au coup de tête et au tir au but. Lorsqu'ils maîtriseront ces mouvements, ils pourront accéder au niveau suivant.

Intermédiaire
Les joueurs qui maîtrisent les habiletés fondamentales mais qui doivent les parfaire jusqu'à ce qu'elles deviennent des réflexes. Ces joueurs pourront ensuite acquérir des habiletés plus complexes. Les joueurs de niveau intermédiaire doivent connaître les tactiques de base et être en bonne forme physique. C'est seulement en pratiquant le sport et en s'astreignant à un entraînement assidu pendant quelques années que les joueurs de niveau intermédiaire pourront passer au niveau avancé.

Avancé
Les joueurs dotés d'une grande adresse naturelle, qui cumulent plusieurs années d'expérience sur le terrain et qui reçoivent un bon entraînement. À ce niveau, les joueurs sont extrêmement habiles et s'avèrent des tacticiens accomplis.

Chaque exercice porte un numéro et un titre, suivis de l'information essentielle le concernant, du nombre de joueurs en cause, du niveau d'adresse qu'il requiert et de l'équipement nécessaire à son accomplissement.

Cet encadré détaille les qualités essentielles à la pratique du sport.

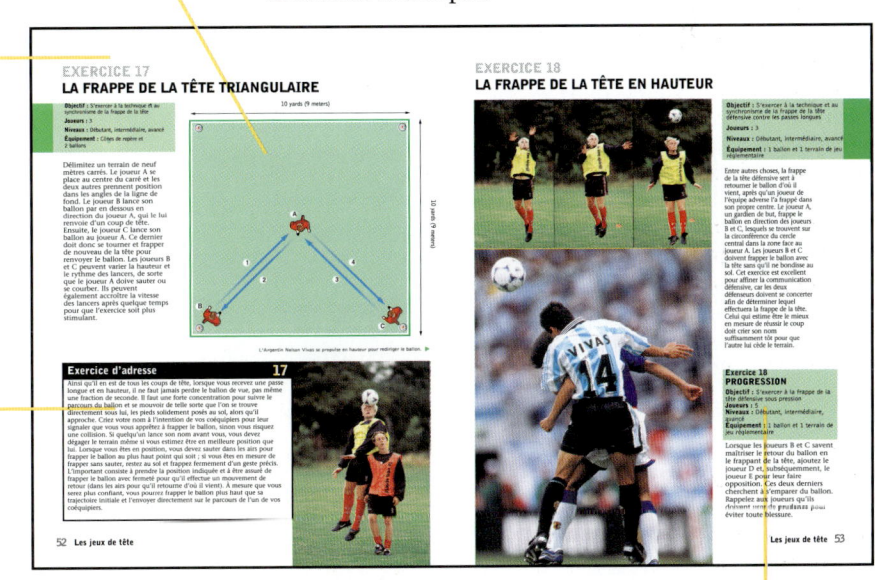

Plusieurs des exercices suivent une progression visant à pousser les joueurs à donner le meilleur d'eux-mêmes.

chapitre un

LA MAÎTRISE DU BALLON

Peu importe que vous soyez doué pour le soccer, à défaut de consacrer de nombreuses heures à parfaire la technique du ballon, vous ne serez jamais aussi habile que vous pourriez le devenir. Il est essentiel de s'exercer avec le ballon en prévision d'un match, que l'on soit un professionnel aguerri ou un débutant.

Vous devez être à l'aise avec le ballon. Vous devez être capable de le botter de différentes manières, de le contrôler quelle que soit la hauteur ou la vitesse à laquelle il vous parvient, et posséder la dextérité afin de dribbler avec vitesse et agilité.

L'entraînement lors d'un match ou des séances d'entraînement contribuent à parfaire ces mouvements mais vous devez vous exercer à la technique du ballon afin d'améliorer votre calibre. Plus vous vous exercerez avec le ballon, plus vous serez en mesure de lui imprimer les mouvements que vous souhaitez à l'aide de votre tête, vos pieds, vos genoux et les autres régions du corps (à l'exception bien sûr des mains et des bras).

La section suivante présente des exercices destinés à améliorer ces qualités essentielles au jeu. Certains sont conçus en fonction d'un joueur solo, d'autres pour quelques joueurs, voire pour l'équipe dans son ensemble. Ce n'est qu'en vous entraînant que vous pourrez les maîtriser.

RONALDO

L'attaquant brésilien Ronaldo est l'un des joueurs les plus doués qui soient. Sa façon de jouer, imprévisible, a fait de lui la terreur des défenseurs du monde entier. Ronaldo est un joueur exceptionnellement doué mais il n'aurait jamais atteint cette maîtrise du ballon sans s'astreindre à de longues heures d'entraînement.

QUATRIÈME EXERCICE
LE COUP DE BOTTE AU MUR

Objectif : S'exercer aux techniques de base du botté et du contrôle du ballon
Joueur : 1
Niveau : Débutant
Équipement : 1 ballon, 1 mur

Le directeur de l'équipe d'Angleterre et ancien joueur Kevin Keegan raconte que gamin, il passait beaucoup de temps à botter un ballon contre un mur et la plupart des joueurs professionnels admettront la même chose. Le coup de botte au mur réunit deux des principaux éléments du soccer, à savoir le coup de botte et le contrôle du ballon, et peut s'avérer aussi utile au joueur chevronné qu'au débutant. La répétition constante du geste exige beaucoup de concentration.

Repérez un mur (de préférence sans fenêtres ni personne à proximité) qui soit suffisamment haut de sorte que le ballon ne vole pas au-dessus. Une salle de gymnase est tout indiquée.

Placez-vous à cinq mètres du mur et frappez le ballon d'un coup à sa base avec la face interne du pied (voir les encadrés 1 et 2 aux pages 23 et 24 pour connaître les techniques de la botte). Lorsque le ballon rebondit, vous devez le

La maîtrise du ballon

LA MAÎTRISE DU BALLON
LE COUP DE BOTTE AU MUR

contrôler avec l'intérieur du pied et tenter de l'arrêter par un semi-blocage (voyez l'encadré numéro 3 à la page 25). Lorsque vous contrôlez le ballon, autrement dit lorsqu'il est bloqué sous votre pied, vous devez le frapper de nouveau et recommencer. À mesure que vous serez plus adroit, en particulier pour le contrôle du ballon, vous pourrez le frapper plus fort pour qu'il revienne plus vite vers vous, ce qui augmentera le degré de difficulté. Vous pouvez également refaire l'exercice en changeant de pied.

▼ Le joueur belge Giles de Bilde se concentre sur le ballon.

Exercice d'adresse   1

Le coup de botte avec la face interne du pied sert à passer le ballon sur une courte distance. Il s'agit en général de la façon la plus précise de botter le ballon car le pied entre en contact avec une bonne part de la surface du ballon. Ainsi que pour toutes les passes, les bottés et les lancers, il faut regarder le ballon au même moment. Placez le pied de soutien à environ 15 à 20 centimètres à côté du ballon (dans la direction où se dirigera le ballon) et, à l'aide d'un léger élan, amenez la jambe qui frappera à angle droit par rapport à la jambe de soutien et bottez le ballon avec la face interne de votre pied. Au moment de frapper le ballon, penchez-vous quelque peu dans sa direction, sans le quitter des yeux, et bottez-le en direction de la cible.

La maîtrise du ballon

LA MAÎTRISE DU BALLON
LE COUP DIRECT

Exercice d'adresse 2

Le coup direct sert à donner de la puissance au coup de botte, bien qu'il soit ici plus difficile de faire preuve de précision. Placez le pied de soutien à 15 ou 20 centimètres à côté du ballon. La jambe qui portera le coup direct doit être face à la cible et, en imprimant un fort élan depuis l'arrière et en penchant la tête, le tronc supérieur et le genou au-dessus du ballon, bottez-le avec votre cou-de-pied (c'est-à-dire le dessus de la chaussure où se trouvent les œillets et le lacet). Le pied doit être allongé de telle sorte que le cou-de-pied frappe le centre du ballon ; si vous le frappez à sa base, le ballon montera dans les airs ; si vous le frappez trop haut, la force déployée se perdra au sol. Il importe également de raidir la cheville au moment du coup pour que la puissance de la jambe soit transmise au ballon.

▼ Thierry Henry de France allie posture et puissance.

LA MAÎTRISE DU BALLON
LA PASSE ET LE SEMI-BLOCAGE

Exercice d'adresse 3

Le semi-blocage consiste à arrêter sur-le-champ et à contrôler le ballon qu'un autre joueur a passé au ras du sol. Il s'agit d'une habileté essentielle parce que plus vite vous contrôlerez le ballon, plus vous disposerez de temps pour décider de votre prochaine action avant que les opposants ne rappliquent dans votre direction.

Placez-vous devant le ballon qui vient, de sorte qu'il se présente à votre pied de frappe. Mettez-vous en position d'effectuer une passe avec la face interne du pied, de sorte que vous entriez en contact avec une surface maximale du ballon pour le freiner. Regardez-le venir vers votre pied et, au moment de l'impact, amenez le pied vers l'arrière pour amortir le choc. Si vous tenez le pied en place et que le ballon le frappe, le ballon bondira et vous échappera. Le semi-blocage consiste à arrêter le ballon à vos pieds pour en détenir le contrôle. Plus le ballon parvient rapidement dans votre direction, plus le recul du pied doit être marqué et plus votre geste doit être rapide. Soyez relax et confiant, fléchissez les genoux et penchez-vous au-dessus du ballon. On peut également amortir et contrôler le ballon avec la face externe du pied ; ainsi on retient et on renvoie d'un seul mouvement.

Exercice 4
PROGRESSION A

Objectif : S'exercer à la passe et au semi-blocage
Joueur : 1
Niveaux : Débutant, intermédiaire, avancé
Équipement : 1 ballon, 2 cônes de repère, 1 mur

Placez-vous à sept mètres du mur, devant lequel vous aurez posé deux cônes de repère à un mètre l'un de l'autre. Prenez position droit devant l'un des cônes et bottez le ballon avec la face interne du pied, de sorte qu'il touche le mur et revienne vers vous. Au retour du ballon, amortissez-le et bottez-le de nouveau.

◀ Julie Foudy contrôle le ballon lors de la finale de la coupe du monde de soccer féminin en 1998.

EXERCICE 4
LE BALLON AU MUR

Exercice d'adresse 4

Une passe n'a pas toujours lieu au sol ; vous devez donc pouvoir contrôler le ballon lorsqu'il vous parvient au vol, qu'il ait été lancé ou qu'il ait rebondi. Voilà ce qu'on appelle le semi-blocage du ballon au vol. Les mêmes règles que pour l'exercice 3 s'appliquent (voir la page 25), sauf qu'il faut bien sûr soulever le pied qui portera le coup. Il importe donc de déterminer quelle sera la trajectoire du ballon et de prendre position en conséquence sans tarder, de sorte qu'au moment où vous lèverez le pied qui frappera, vous aurez trouvé l'équilibre et n'aurez plus qu'à vous concentrer sur le ballon qui vient. Ne perdez pas le ballon de vue jusqu'à ce qu'il touche la face interne de votre pied et, au moment du contact, amortissez-le avec la partie inférieure de la jambe mais la partie supérieure doit être fermement tendue. Vous aurez ainsi la force nécessaire à l'arrêt du ballon et au contrôle de l'équilibre, de sorte que, au moment où le ballon tombera devant votre pied, il sera sous votre contrôle et vous serez en position de le manipuler.

▼ Il suffit d'un instant au maître brésilien Juninho pour amortir le ballon.

Exercice 4
PROGRESSION B
Objectif : S'exercer à amortir un ballon au vol
Joueur : 1
Niveaux : Débutant, intermédiaire, avancé
Équipement : 1 ballon, 1 mur

Placez-vous à trois mètres du mur et bottez le ballon avec la face interne du pied. En raison de la proximité du mur, il vous reviendra avec force et vitesse (le degré de vitesse est fonction du botté initial) et vous devrez l'arrêter net au passage. Lorsqu'il est sous votre contrôle, recommencez.

Exercice 4
PROGRESSION C
Objectif : S'exercer à frapper avec la face interne du pied un ballon au vol
Joueur : 1
Niveaux : Débutant, intermédiaire, avancé
Équipement : 1 ballon, 1 mur

Placez-vous à quatre mètres du mur. Frappez le ballon avec la face interne du pied et, lorsqu'il rebondit dans votre direction, renvoyez-le de la même façon sans l'immobiliser. Vous pouvez refaire ce mouvement à maintes reprises en augmentant la vitesse de la première passe pour accroître le degré de difficulté des retours.

La maîtrise du ballon

LA MAÎTRISE DU BALLON
LA FRAPPE AVEC LA FACE INTERNE DU PIED

Exercice d'adresse 5

Parfois, au cours d'un match, vous n'aurez pas le temps de contrôler le ballon avant de le passer à un autre joueur parce que des opposants s'approcheront et vous devrez donc frapper un ballon en mouvement. Le principe de base est le même que lorsque le ballon est immobilisé (voir l'exercice d'adresse 1 à la page 23) mais, plutôt que d'attendre que le ballon parvienne à votre pied pour ensuite l'amortir, vous devez suivre attentivement sa trajectoire et lever le pied à sa rencontre. Dans ce cas, vous devez adopter un angle vous permettant de recevoir le ballon et de voir la cible où vous souhaitez le rediriger. La passe se fait exactement telle qu'on l'a décrite à l'exercice d'adresse 1 mais, étant donné que le ballon est en mouvement, la projection arrière doit être moins marquée pour imprimer la même puissance au ballon. Placez votre pied de frappe obliquement par rapport à votre cible, atteignez le ballon et, d'un mouvement agile et rapide, renvoyez-le.

▲ Graham Alexander conserve son équilibre sans perdre le ballon de vue.

La maîtrise du ballon 27

LA MAÎTRISE DU BALLON
LA VOLÉE

Exercice d'adresse 6

Saisir un ballon à la volée requiert de la concentration, de l'équilibre et une bonne technique. Placez-vous vite en position, de sorte qu'au moment où le ballon parvient à votre pied de frappe, vous disposiez d'espace pour le renvoyer. Alors que le ballon s'approche, faites porter votre poids à la jambe de soutien et soulevez le genou de l'autre jambe en prévision du coup. Surveillez attentivement le ballon et balancez le pied de frappe dans sa direction en penchant la tête et en maintenant votre équilibre à l'aide des bras. Touchez le ballon avec le cou-de-pied (la partie supérieure de la chaussure où se trouvent les œillets et le lacet) et redirigez-le. Ne vous préoccupez pas trop de la force de frappe ; une large projection arrière n'est pas utile et il est préférable d'établir un contact net. Pour vous en assurer, regardez le ballon qui vient vers vous et envoyez-le à la volée d'un geste souple et stable, la tête droite et le regard qui se tourne en direction de la cible.

Exercice 4
PROGRESSION D
Objectif : Apprendre la technique de la volée
Joueurs : 2
Niveaux : Débutant, intermédiaire, avancé
Équipement : 10 ballons, 1 mur

Le joueur A se place à cinq mètres du mur. Le joueur B se place à deux mètres à la droite ou à la gauche du joueur A et lance par en dessous le ballon au mur à environ deux mètres de hauteur. Exercez-vous d'abord à lancer le ballon par en dessous, de sorte qu'il revienne à la hauteur propice à la volée. Cette dernière est fonction de la taille du joueur qui fait l'exercice. Puisqu'il est fort probable que le ballon bondira loin des joueurs, il est préférable d'en prévoir plusieurs, peut-être une dizaine. Lorsque vous les aurez tous lancés, récupérez-les et changez de rôle.

Au sol ou au vol, Juninho fait son affaire du ballon. ▶

LA MAÎTRISE DU BALLON
LA FRAPPE DE LA TÊTE

1 Dans l'attente du ballon
2 Le point de contact

Exercice d'adresse 7

Pour réussir une frappe de la tête, on doit river les yeux sur le ballon jusqu'au moment de l'impact. Suivez sa trajectoire alors qu'il approche de vous et prenez position (pour vous trouver sous le ballon au moment où il vous parviendra, idéalement pour être en mesure de faire un pas en avant pour établir le contact), de sorte que vous puissiez le recevoir fermement, sans perdre l'équilibre. Lorsque le ballon est à proximité, réglez votre position pour le recevoir sur le front. Ne le perdez pas de vue et contractez les muscles du cou au moment de l'impact, penchez la tête fermement vers l'avant pour aller à la rencontre du ballon et ajouter de la force à votre frappe. Il ne s'agit pas de jeter la tête sur le ballon, ce qui pourrait vous blesser. Voyez votre tête comme l'extrémité d'un instrument, votre corps, et comme le vecteur de la puissance de celui-ci. En soi, la tête n'est pas un instrument ; rappelez-vous cela lorsque vous vous apprêtez à une frappe de la tête.

Exercice 4
PROGRESSION E
Objectif : S'exercer à la frappe de la tête
Joueurs : 2
Niveaux : Débutant, intermédiaire, avancé
Équipement : 10 ballons, 1 mur

Le joueur A se place à cinq mètres du mur. Le joueur B se place à deux mètres à la droite ou à la gauche du joueur A et lance le ballon par en dessous en direction du mur à environ deux mètres de hauteur. La hauteur du lancer est fonction de la taille du joueur qui s'exerce à la frappe de la tête. Exercez-vous d'abord à lancer le ballon pour trouver la hauteur qui convient. Le joueur A doit ensuite prendre position et frapper le ballon de la tête pour le rediriger contre le mur. Puisqu'il est fort probable que le ballon bondira loin des joueurs, il est préférable d'en prévoir plusieurs, peut-être une dizaine. Lorsque vous les aurez tous lancés, récupérez-les et changez de rôle.

La maîtrise du ballon

EXERCICE 5
LE SEMI-BLOCAGE AVANCÉ

Objectif : Acquérir et exercer le contrôle du ballon
Joueurs : 2
Niveaux : Débutant, intermédiaire, avancé
Équipement : 1 ballon

Ainsi que nous l'avons vu, le semi-blocage du ballon est l'un des principaux mouvements du soccer (voir l'exercice d'adresse 3 à la page 25). Même lorsque l'on a acquis la maîtrise d'un mouvement, il faut continuer de s'y exercer afin d'assurer la coordination entre le regard et le jeu de pieds, et pour maintenir son niveau d'adresse.

Ce mouvement fort simple est efficace lorsqu'on s'y exerce en duo. Le joueur A passe le ballon au joueur B qui le contrôle d'un toucher et le renvoie à son coéquipier. Variez la vitesse et la hauteur auxquelles vous vous passez le ballon, de sorte que vous n'amortissiez pas seulement le ballon au sol mais également au vol. En plus de bloquer le ballon avec la face interne du pied, vous pouvez le retenir par la plante du pied (voir l'exercice d'adresse 8), d'autres régions du pied, vos cuisses ou votre torse (voir l'exercice d'adresse 9). Lorsqu'on bloque le ballon avec une région du corps, il faut avant tout l'amortir pour en adoucir l'impact afin de le contrôler plus facilement.

Exercice d'adresse 8

Le blocage sous la plante du pied permet d'immobiliser le ballon sur-le-champ, mais il s'agit d'un mouvement difficile à exécuter avec un ballon en mouvement rapide. Il est plus utile lorsque le ballon se déplace lentement et que le joueur dispose de plus de temps d'arrêt. Mieux encore, lorsque le ballon roule au sol dans votre direction. Alors qu'il s'approche, observez-le et placez-vous de manière à lui faire face. L'écart entre vos pieds doit être de 45 centimètres pour maintenir votre équilibre lorsque vous arrêterez le ballon. À mesure que le ballon approche de vous, soulevez le pied à la diagonale, les orteils plus haut que le talon, et laissez le ballon rouler dans l'espace ainsi dégagé. Au moment du contact, exercez une légère pression vers le sol pour l'immobiliser.

Exercice d'adresse 9

Amorti de la poitrine
Lorsque le ballon s'approche de vous au niveau du torse, vous pouvez le maîtriser par un retrait ou un creusement de la poitrine. Surveillez attentivement le ballon alors qu'il vient vers vous et placez-vous de telle sorte qu'il frappe exactement le centre de votre sternum, la partie la plus résistante de la poitrine. À nouveau, vous devez amortir la force de l'impact pour éviter un rebond du ballon. Il doit tomber droit devant vous. Pour y parvenir, vous devez projeter le tronc supérieur vers l'arrière au moment du contact, arrondir les épaules et projeter la poitrine vers l'avant afin d'établir un contact solide avec le ballon. L'inclinaison du tronc supérieur vers l'arrière est fonction de la vitesse du ballon. Lorsque vous avez amorti le ballon, penchez-vous vers l'avant pour qu'il tombe au sol, sans le quitter des yeux, et reprenez vite la position qui vous permettra de contrôler le ballon avec vos pieds.

LA MAÎTRISE DU BALLON
S'EXERCER AU CONTRÔLE DU BALLON

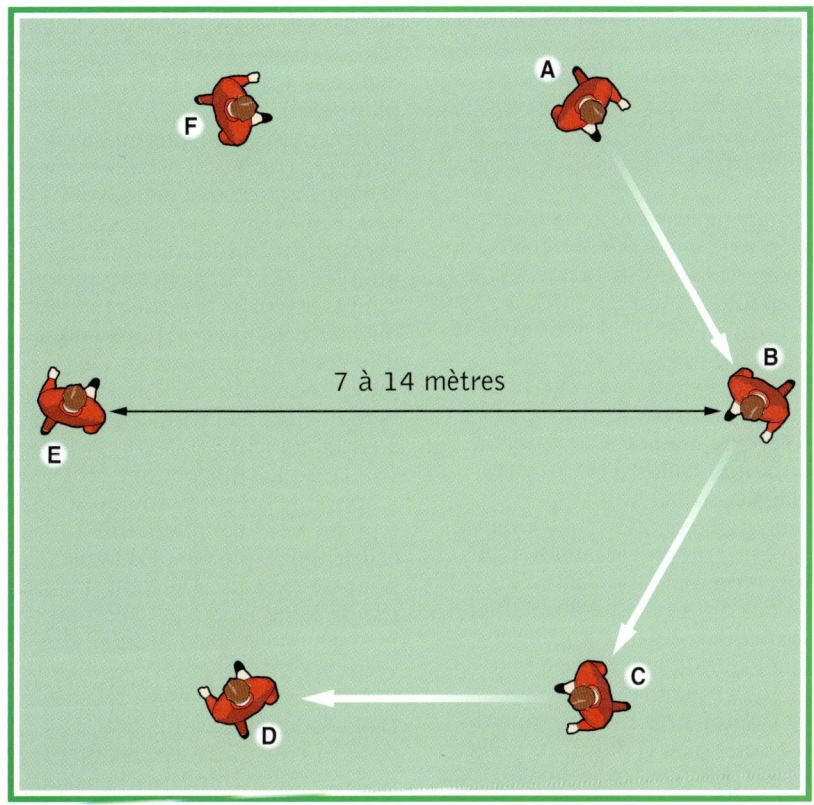

7 à 14 mètres

Exercice 5
PROGRESSION
Objectif : Acquérir davantage de contrôle du ballon
Joueurs : De 2 à 6
Niveaux : Débutant, intermédiaire, avancé
Équipement : 1 ballon

On peut varier l'exercice de base en ajoutant des joueurs. Formez un cercle dont le diamètre varie entre sept et quatorze mètres. Plus on comptera de joueurs, plus le cercle sera grand. Passez-vous le ballon comme vous l'avez appris.

Le joueur de soccer le plus célèbre qui soit, Ronaldo, du Brésil, perd rarement le contrôle du ballon. ▶

La maîtrise du ballon

EXERCICE 6
JONGLER AVEC LE BALLON

Objectif : Parfaire ses habiletés de base
Joueur : 1
Niveaux : Débutant, intermédiaire, avancé
Équipement : 1 ballon

La jonglerie consiste à maintenir le ballon en l'air à l'aide des pieds, des cuisses, de la tête, de la poitrine et des épaules. Pour l'essentiel, il s'agit de contrôler le ballon pour qu'il ne touche pas le sol en se servant surtout des pieds, mais également de toute autre partie du corps à l'exception des bras et des mains. Donnez un ballon à un joueur professionnel, et immanquablement, il commencera à jongler. Bien que l'on jongle rarement au cours d'un match, il s'agit d'un exercice d'entraînement essentiel puisqu'il favorise la coordination entre le regard et les pieds, le toucher et l'agilité.

Commencez l'entraînement avec votre pied le plus fort. Laissez tomber le ballon sur le pied et renvoyez-le doucement à la verticale, de sorte qu'il ne s'éloigne pas de vous et que vous soyez en mesure de recommencer le mouvement (idéalement, encore et encore).

Essayez d'imprimer un effet de rétro au ballon (voir l'exercice d'adresse 10) ; vous le garderez ainsi plus près de vous et il sera plus facile à manier. Si vous en êtes à votre premier essai, le ballon vous échappera probablement avant peu. Peu à peu, vous apprendrez à le contrôler suffisamment pour qu'il reste en l'air pendant quelque temps. Inscrivez le nombre de fois où vos coéquipiers et vous-même touchez le ballon avant qu'il retombe au sol et chacun tentera de faire mieux à la prochaine séance d'entraînement.

Lorsque vous pourrez faire rebondir le ballon à cinq ou six reprises, vous commencerez à utiliser votre pied le plus faible pour cet exercice. Dans un premier temps, faites passer le ballon du pied gauche au pied droit et vice versa.

En peu de temps vous serez capable de varier la hauteur de la passe et vous vous servirez de vos hanches pour empêcher le ballon de rebondir au sol. Lorsque vous maîtriserez le mouvement, vous lui intégrerez les épaules, la poitrine et la tête, sans jamais employer les bras et les mains.

Exercice d'adresse 10

Lorsque le ballon tombe vers votre pied, plutôt que de tenir celui-ci droit pour frapper le ballon à la verticale, essayez de lui donner un coup sec vers l'avant à la base du ballon au moment du contact. Cela le fera tourner quelque peu vers l'arrière, il sera plus près de vous, donc plus facile à contrôler.

Exercice d'adresse — 11

Les joueurs chevronnés ne laissent pas tomber le ballon sur leur pied afin de jongler. Ils font rouler leur pied du dessus du ballon jusqu'à sa base pour ensuite le cueillir. Ce geste imprime aussitôt un effet de rétro au ballon, ce qui le rend plus facile à contrôler. Apprenez ce mouvement aussitôt que vous commencez à jongler avec le ballon.

EXERCICE 6
JONGLER AVEC LE BALLON

Exercice 6
PROGRESSION A
Objectif : Acquérir davantage d'adresse avec le ballon
Joueurs : 2
Niveaux : Débutant, intermédiaire, avancé
Équipement : 1 ballon

Le joueur A saisit le ballon et se met à jongler à l'aide de ses pieds. Le joueur B (ou l'entraîneur) lui lance des instructions auxquelles il doit se conformer, par exemple : « Cinq coups sous le genou ! » (cinq coups légers qui ne doivent pas projeter le ballon au-dessus du genou) ; « Cinq coups sur la cuisse ! » (le ballon doit être contrôlé à partir de la cuisse) ; « Cinq sur la tête ! », etc. Le joueur doit observer ces instructions tout en maintenant le ballon dans les airs.

Exercice 6
PROGRESSION B
Objectif : Acquérir davantage d'adresse avec le ballon pour le lancer et l'attraper à la volée
Joueurs : 2
Niveaux : Intermédiaire, avancé
Équipement : 1 ballon

Le joueur A lance le ballon à la hauteur de la poitrine du joueur B. Le lancer est décisif ; on l'exécute avec le bras sans trop de force. Le joueur B contrôle le ballon avec sa poitrine (voir l'exercice d'adresse 9 à la page 30), le laisse tomber sur ses cuisses, le fait rebondir sur son pied et l'envoie à la volée au joueur A, qui reprend à son compte le même exercice.

La maîtrise du ballon

Exercice 6
PROGRESSION C

Objectif : Parfaire son adresse avec le ballon
Joueurs : Entre 1 et 6
Niveaux : Intermédiaire, avancé
Équipement : 1 ballon

Jongler à deux ou en groupe est un bon moyen de créer des liens au sein d'une équipe (et de permettre aux joueurs de saisir les limites de chacun). Lorsque des professionnels se présentent à l'avance à l'entraînement, souvent ils se mettent à jongler en duo pour reprendre contact avec le ballon et s'échauffer. L'un frappe le ballon en direction de l'autre, qui le fera jongler quelque temps avant de le renvoyer à un autre joueur, qui fera de même et ainsi de suite, sans que le ballon ne touche le sol. Les joueurs jonglent ainsi aussi longtemps qu'ils le peuvent sans que le ballon ne tombe au sol.

Dans un entraînement à deux, structurez l'exercice en exigeant du joueur qui jongle qu'il exécute une série de mouvements (avec les pieds, genoux, épaules et la tête) avant de renvoyer le ballon à l'autre ou limitez le mouvement à une partie du corps. Voilà un exercice efficace pour fortifier un pied faible ou pour améliorer la mobilité des joueurs habitués au coup de tête.

L'exercice peut varier si vous vous entraînez en groupe (de six personnes au plus). L'entraîneur ou un joueur désigné criera le nom du joueur qui devra recevoir le ballon ou exigera des joueurs qu'ils se servent seulement de leur pied faible pendant une période déterminée. Chacune de ces variantes rend l'exercice plus exigeant.

Exercice 6
PROGRESSION D

Objectif : Exercer son adresse avec le ballon au niveau intermédiaire, compétition en tête
Joueurs : Entre 1 et 30
Niveaux : Intermédiaire, avancé
Équipement : 1 à 30 ballons

Chaque membre de l'équipe reçoit un ballon et, au signal de l'entraîneur ou d'un coéquipier, il doit le maintenir en l'air aussi longtemps que possible. Le gagnant est le dernier à jongler avec son ballon. Autrement, si vous n'avez pas suffisamment de ballons pour tous, chronométrez l'épreuve de chacun des participants.

La maîtrise du ballon

chapitre deux

LA MAÎTRISE DE LA PASSE

Aux premiers temps du soccer moderne, le jeu se résumait au dribble et au blocage. Par la suite, les Écossais mirent au point la passe grâce à laquelle ils devinrent pratiquement invincibles. Bientôt les autres équipes les imitèrent. Depuis, la possibilité de faire circuler rapidement le ballon entre les coéquipiers jusqu'à une extrémité du terrain est demeurée un élément essentiel du jeu. Énoncé simplement, cela signifie que si une équipe ne parvient pas à passer le ballon avec précision, elle ne gagnera pas.

On pratique la passe avec toutes les régions du pied. On privilégie le cou-de-pied pour les passes sur une longue distance et la face interne du pied pour les passes moins risquées, sur de courtes distances. La face extérieure de la chaussure permet d'incurver la trajectoire d'une passe et d'ainsi surprendre l'adversaire ; un frapper du talon bien placé peut tromper un défenseur adverse. La passe s'exécute également à partir d'autres régions du corps, notamment la tête, ainsi que la poitrine.

La passe permet à l'équipe de conserver le ballon et insistons sur le fait qu'aucune équipe ne peut remporter la victoire si elle n'est pas en possession du ballon. Une passe exécutée avec précision à partir du centre du terrain en direction d'un point devant la ligne d'attaque peut marquer un but et la possibilité de déployer une telle passe constitue un atout inestimable lors d'un match. On peut user de malice et effectuer une passe en longueur qui s'avère une méthode très utile pour passer le ballon à un coéquipier. Elle peut être exécutée par un défenseur assiégé qui frappe droit devant sans viser de cible tout autant que par un milieu défensif qui relance le ballon en lui imprimant une diagonale parfaite.

Ainsi qu'il en est des autres aspects du jeu, la passe sous toutes ses formes exige un entraînement rigoureux avant qu'un joueur soit un atout pour son équipe.

DIDIER DESCHAMPS

Le milieu de terrain français Didier Deschamps est l'un des grands maîtres de la passe. Gagnant de la coupe d'Europe avec les Juventus d'Italie et gagnant de la coupe du monde avec l'équipe de France, Deschamps couvre l'arrière central. De cet endroit, il contrôle le jeu, enlève le ballon et ramène un coéquipier au jeu grâce à une passe précise. Rarement verra-t-on Deschamps lancer un ballon sur une longue distance sans viser ; il tente toujours de repérer un coéquipier en bonne position et envoie le ballon vers lui, droit à ses pieds. Ainsi, son équipe conserve immanquablement le ballon, auquel cas l'équipe adverse a raison d'être nerveuse.

EXERCICE 7
LA PASSE AVEC LA FACE INTERNE DU PIED

Objectif : S'exercer à la passe avec la face interne du pied
Joueurs : De 2 à 6
Niveaux : Débutant, intermédiaire
Équipement : 1 ballon

Ici, la précision est de rigueur et la passe effectuée avec la face interne du pied est la méthode la plus précise qui soit (voir l'exercice d'adresse 1 à la page 23). On a tout avantage à s'y exercer à deux. Dans un groupe de six joueurs, quatre peuvent s'adonner à cet exercice pendant que les deux autres se reposent, avant de prendre le relais, de sorte que chacun profite d'un temps d'arrêt.

Le joueur A passe le ballon au joueur B qui se trouve à neuf mètres de lui. Le joueur B contrôle le ballon et le renvoie au joueur A. Les passes doivent être précises, de sorte que le receveur se déplace à peine (il ne devrait que rectifier l'écart entre ses pieds) pour contrôler le ballon. Après une passe réussie, chacun des joueurs recule d'un pas et reprend l'exercice, et ainsi de suite jusqu'à une erreur, après quoi on reprend du début à une distance de neuf mètres.

Exercice 7
PROGRESSION A

Objectif : Acquérir de la précision
Joueurs : 3
Niveaux : Débutant, intermédiaire
Équipement : 1 ballon

Trois joueurs forment un triangle à cinq mètres de distance. Ils se passent le ballon et reculent un peu après chaque passe réussie de façon à agrandir le triangle.

Exercice 7
PROGRESSION B

Objectif : S'exercer à la passe avec la face interne du pied au sein d'un groupe nombreux pour aiguiser le sens de l'observation et améliorer le contrôle du ballon
Joueurs : Entre 6 et 10
Niveaux : Intermédiaire, avancé
Équipement : 1 ballon

Les joueurs forment un cercle de 16 mètres de diamètre. Le joueur A saisit le ballon et l'entraîneur ou un joueur désigné crie le nom de celui à qui il doit le passer et ainsi de suite. Lorsque les joueurs sont rompus à l'exercice, initiez un jeu en vertu duquel un joueur qui rate une passe est éliminé du cercle.

La maîtrise de la passe

EXERCICE 8
LA PASSE ET LA POURSUITE

Objectif : S'exercer à effectuer une passe précise et à contrôler un ballon en mouvement
Joueurs : 2
Niveaux : Débutant, intermédiaire
Équipement : Cônes de repère, 1 ballon

Les joueurs doivent se préparer à recevoir les passes de leurs coéquipiers autant qu'être en mesure de passer le ballon. Le déplacement du ballon est essentiel au soccer. Il serait vain de disposer d'une bonne équipe de passeurs qui n'auraient personne à qui envoyer le ballon. Cet exercice ne met pas seulement l'accent sur la passe mais également sur la course vers le ballon en vue de le recevoir.

Deux joueurs se placent sur la ligne de fond d'un périmètre faisant 18 mètres sur 46. Le joueur A se met à courir, le joueur B envoie le ballon sur sa trajectoire et se met aussitôt à sprinter. Le joueur A s'immobilise pour recevoir et contrôler le ballon, attend que le joueur B se trouve devant lui et passe le ballon dans sa direction. Ensuite il sprinte droit devant. Lorsque les joueurs atteignent l'autre extrémité du périmètre, ils se tournent et recommencent l'exercice.

Exercice d'adresse 12

Si vous passez le ballon en direction d'un joueur à découvert dans un espace libre, il est primordial de diriger le ballon droit devant lui. Si vous dirigez le ballon en direction de ses pieds au moment où vous portez le coup, le ballon, lorsqu'il lui parviendra une seconde ou deux plus tard, se retrouvera derrière lui. Vous devez donc lancer le ballon avant que l'autre joueur ait effectué son déplacement. Plus il se déplace rapidement, plus le ballon devra être loin devant lui. Tentez toujours de lancer le ballon de telle sorte que le receveur n'ait pas à freiner ou à rectifier sa trajectoire pour recevoir la passe.

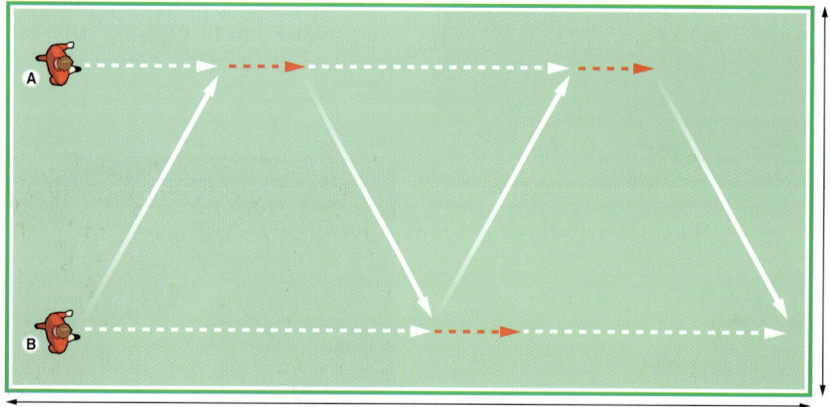

EXERCICE 9
LA FRAPPE ET LA POURSUITE

Objectif : Améliorer son adresse pour la passe et son sens de l'observation en courant avec le ballon
Joueurs : 3
Niveaux : Débutant, intermédiaire, avancé
Équipement : Cônes de repère, 1 ballon

Trois joueurs s'alignent sur un périmètre de 9 mètres sur 23. Le joueur A se trouve sur la ligne de fond, les joueurs B et C sont à neuf mètres devant lui, le joueur C se trouvant à neuf mètres à la droite du deuxième. Le joueur A passe le ballon à B, court ensuite derrière C. Le joueur B passe le ballon à C, qui s'en empare et l'envoie à A, qui se trouve à présent à sa droite. Les joueurs retournent à la ligne de fond et intervertissent les rôles.

Lorsque chacun d'eux a fait la poursuite, on modifie l'exercice de sorte que C se trouve à la gauche de B et que A doive courir vers la gauche. On peut modifier cet exercice afin d'inclure différents mouvements de poursuite et de passe.

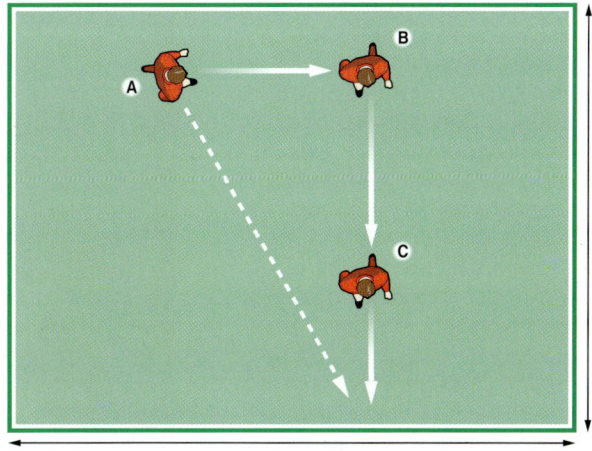

Exercice d'adresse   13

La passe avec la face externe du pied est utile pour acheminer le ballon sur le sol ou à proximité en employant plus de puissance que n'en déploie une passe avec la face interne (autrement dit, lorsque le ballon doit parcourir une plus longue distance). Vous pouvez également imprimer un mouvement vers l'avant au ballon. Afin d'exécuter une passe avec la face externe du pied, préparez-vous comme si vous alliez chasser le ballon (voir l'exercice d'adresse 2 à la page 24) mais, plutôt que de le frapper au centre avec le cou-de-pied, frappez-le de côté avec la face externe de votre chaussure. Votre posture, l'écart entre vos pieds et la position de votre tête sont exactement les mêmes que lorsque vous chassez le ballon.

La maîtrise de la passe

EXERCICE 10
LA PASSE LONGUE

Objectif : S'exercer à frapper le ballon en hauteur sur de longues distances
Joueurs : 2
Niveaux : Intermédiaire, avancé
Équipement : 1 ballon

Un plan de match fondé exclusivement sur de longues passes en provenance du joueur défensif ou du milieu convient aux équipes dont les joueurs sont athlétiques mais peu adroits. Toutefois, les équipes les plus adroites doivent à l'occasion lancer ou frapper le ballon sur une longue distance afin de varier leurs stratégies offensives. Une passe précise sur une distance excédant 46 mètres peut permettre aux attaquants rapides de se retrouver derrière les joueurs défensifs, seuls à seul avec le gardien de but de l'équipe adverse, et de marquer un but.

Il faut donc s'exercer aux passes longues que l'on exécute d'ordinaire avec le cou-de-pied ou la face interne du pied (voir l'exercice d'adresse 14 à la page 43), parfois même avec sa face externe (voir l'exercice d'adresse 13 à la page 41).

Le joueur A se place à 23 mètres du joueur B et frappe le ballon vers son pied. Le joueur B retourne le ballon au joueur A. Tous deux reculent de quelques pas et recommencent la passe jusqu'à se retrouver à une distance de 46 mètres.

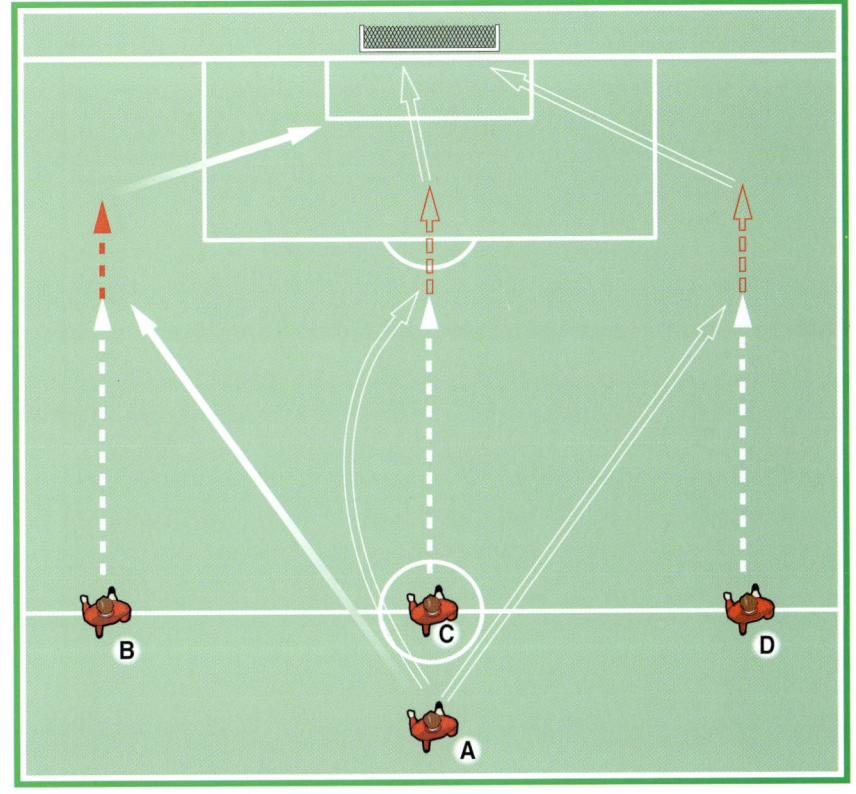

Exercice 10
PROGRESSION

Objectif : S'exercer à frapper avec précision sur de longues distances en direction de coéquipiers en mouvement
Joueurs : De 4 à 7
Niveaux : Intermédiaire, avancé
Équipement : 1 ballon, 1 terrain de dimensions réglementaires

Le joueur A se place sur la ligne du cercle central. Les joueurs B, C et D se placent sur la ligne médiane et lui tournent le dos ; B à l'aile gauche, C au centre et D à l'aile droite. À la demande de l'entraîneur ou d'un joueur désigné, ils sprintent vers le but opposé. L'entraîneur crie alors le nom d'un des joueurs et le joueur A doit lui faire une passe longue. Il devrait recevoir le ballon à environ 23 mètres du but. Le mouvement peut se terminer par un lancer dans le but ou par un croisé ou une passe à l'un des attaquants.

Lorsque les joueurs maîtrisent bien cet exercice, on peut y ajouter trois joueurs défensifs afin d'augmenter le degré de difficulté.

◀ Dani de l'équipe du Portugal frappe en longueur.

Exercice d'adresse   14

Pour réussir une passe sur une longue distance, il faut lancer le ballon très haut, de sorte qu'il se déplace au-dessus de la tête de vos adversaires et qu'aucun contact avec le terrain ne ralentisse sa course. Pour ce faire, il faut le frapper à la base et littéralement le soulever en l'air. Une ou deux foulées seront nécessaires lorsque vous vous approchez du ballon et, puisque vous devez mettre le pied sous le ballon, il est préférable de vous en approcher à la diagonale (de la gauche si vous êtes droitier et inversement si vous êtes gaucher). Lorsque vous parvenez au ballon, placez votre jambe de soutien à 20 centimètres environ de lui, penchez-vous au-dessus et en même temps balancez votre autre jambe droit derrière. Au moment où vous frappez le ballon (où il entre en contact avec votre cou-de-pied), penchez-vous un peu vers l'arrière (plus vous vous pencherez vers l'arrière, plus le ballon prendra de l'altitude). Ne perdez pas le ballon de vue et achevez le mouvement en direction de votre cible, de sorte que la jambe de frappe se trouve à l'horizontale par rapport à votre taille.

La maîtrise de la passe

EXERCICE 11
LE CERCLE

Objectif : S'exercer à la passe et au contrôle avec précision
Joueurs : 5
Niveaux : Débutant, intermédiaire, avancé
Équipement : 1 ou 2 ballons

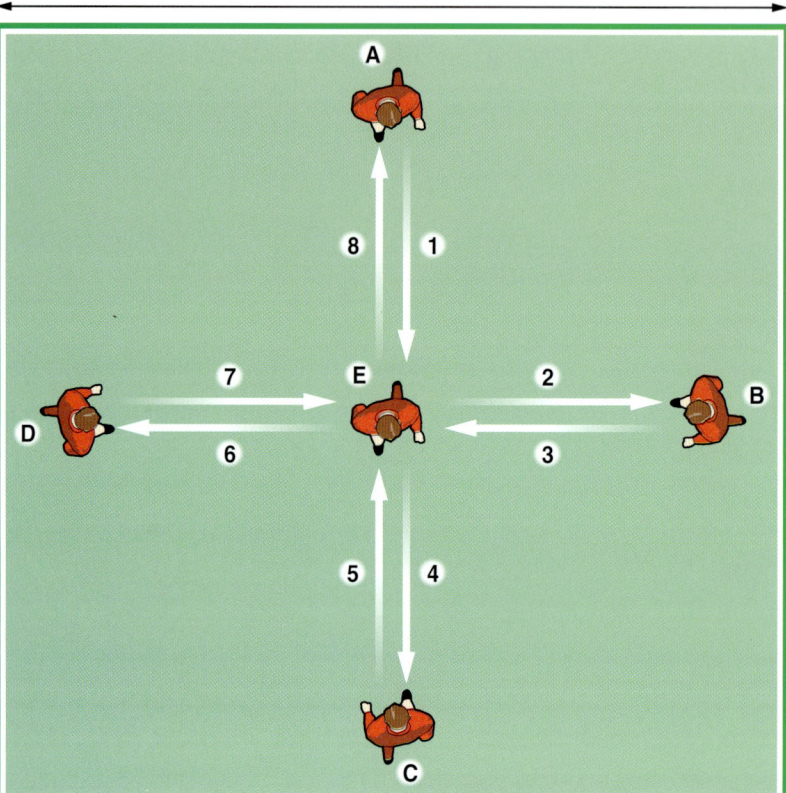

Cet exercice améliore l'adresse de la passe avec la face interne du pied (voir l'exercice d'adresse 1 à la page 23), la passe avec la face externe de la chaussure (voir l'exercice d'adresse 13 à la page 41) et le semi-blocage (voir les exercices d'adresse 3 et 4 aux pages 25 et 26).

Les joueurs A, B, C et D forment un cercle de 23 mètres de diamètre autour du joueur E qui se place au centre. Le joueur A passe le ballon au joueur E qui le contrôle, se tourne et l'envoie au joueur B. Ce dernier lui renvoie le ballon, E le contrôle, se tourne et l'envoie au joueur C qui le lui renvoie à son tour, et ainsi de suite. Lorsque chacun des joueurs a reçu le ballon à trois reprises, le joueur A prend position au centre du cercle et l'on recommence l'exercice jusqu'à ce que chacun des joueurs ait occupé toutes les positions.

CONSEILS À L'INTENTION DE L'ENTRAÎNEUR

- Lorsque le joueur E reçoit le ballon, l'entraîneur ou un joueur désigné crie vite le nom de l'un des joueurs formant le cercle et E s'empresse de lui passer le ballon avec précision.
- Lorsque le joueur E reçoit le ballon, l'entraîneur ou un joueur désigné lui crie le type de passe à effectuer et en direction de quel joueur (par exemple « De côté au joueur A » ou encore « Face externe à B »).
- Les joueurs accomplissent l'exercice en se servant seulement de leur pied le plus faible.
- Ajoutez un second ballon, de sorte que deux passes soient effectuées en même temps. L'exercice sera plus rapide et exigera davantage de coordination, les joueurs devront se concentrer plus encore et exécuter la passe sous pression.

EXERCICE 12
LE TRIANGLE

Objectif : S'exercer à la passe et au contrôle à l'aide des deux pieds
Joueurs : 3
Niveaux : Débutant, intermédiaire, avancé
Équipement : Cônes de repère, 1 ballon

Les joueurs A et B se placent sur la ligne de fond d'un carré de neuf mètres, chacun à un angle. Le joueur C se place au centre de la ligne opposée. Le joueur A envoie le ballon droit devant sur la face gauche du périmètre. Le joueur C se précipite vers l'angle pour cueillir le ballon, le contrôle et effectue une passe diagonale en direction du joueur B à l'aide de son pied droit. Le joueur B contrôle le ballon et le renvoie sur la face droite du périmètre.

Le joueur C se précipite à sa rencontre, le contrôle et, de son pied gauche, le renvoie à la diagonale au joueur A qui reprend l'exercice depuis le début. L'objectif consiste pour le joueur C à contrôler et à renvoyer le ballon à l'aide de ses deux pieds. Au cours d'un match, un joueur ne peut pas toujours choisir le pied avec lequel il contrôle le ballon et n'a pas toujours le temps de se placer pour employer son pied le plus fort. Les techniques élémentaires demeurent les mêmes mais, à défaut d'exercer le pied le plus faible, le réflexe sera moins naturel et le manque d'aisance se répercutera sur les résultats.

Après cinq séries, les joueurs ont droit à une minute de repos et changent de position.

◀ Eyal Berkovic, la star israélienne milieu de terrain, exécute une passe latérale parfaite.

La maîtrise de la passe

EXERCICE 13
LE CROISEMENT CONTRÔLÉ

Objectifs : S'exercer au contrôle et à la passe sous pression, au pressing et à l'interception
Joueurs : De 4 à 11
Niveaux : Débutant, intermédiaire, avancé
Équipement : 1 ballon

Le croisement contrôlé est un excellent exercice pour contrôler le ballon, effectuer une passe sous pression, améliorer l'agilité et les habiletés pour la maîtrise du ballon. Il s'agit d'un exercice à exécuter au début d'une séance d'entraînement, après que les joueurs se sont échauffés et étirés.

Les joueurs A, B, C et D forment un cercle autour du joueur E. Ils se font des passes en s'interpellant et s'efforcent d'empêcher le joueur E de toucher le ballon. Ce dernier fait le pressing auprès d'un joueur et tente d'intercepter le ballon ; lorsqu'il réussit à le toucher, celui des joueurs qui a touché le ballon juste avant lui prend place au centre. Puisque aucun joueur ne souhaite se retrouver au centre, chacun veillera à ce que son contrôle et sa passe soient le plus précis possible.

On peut faire cet exercice quel que soit le nombre de participants. Plus ils sont nombreux, plus le degré de difficulté augmente en raison du nombre de joueurs qui se retrouvent au milieu.

EXERCICE 14
LA PASSE DANS LE VIDE

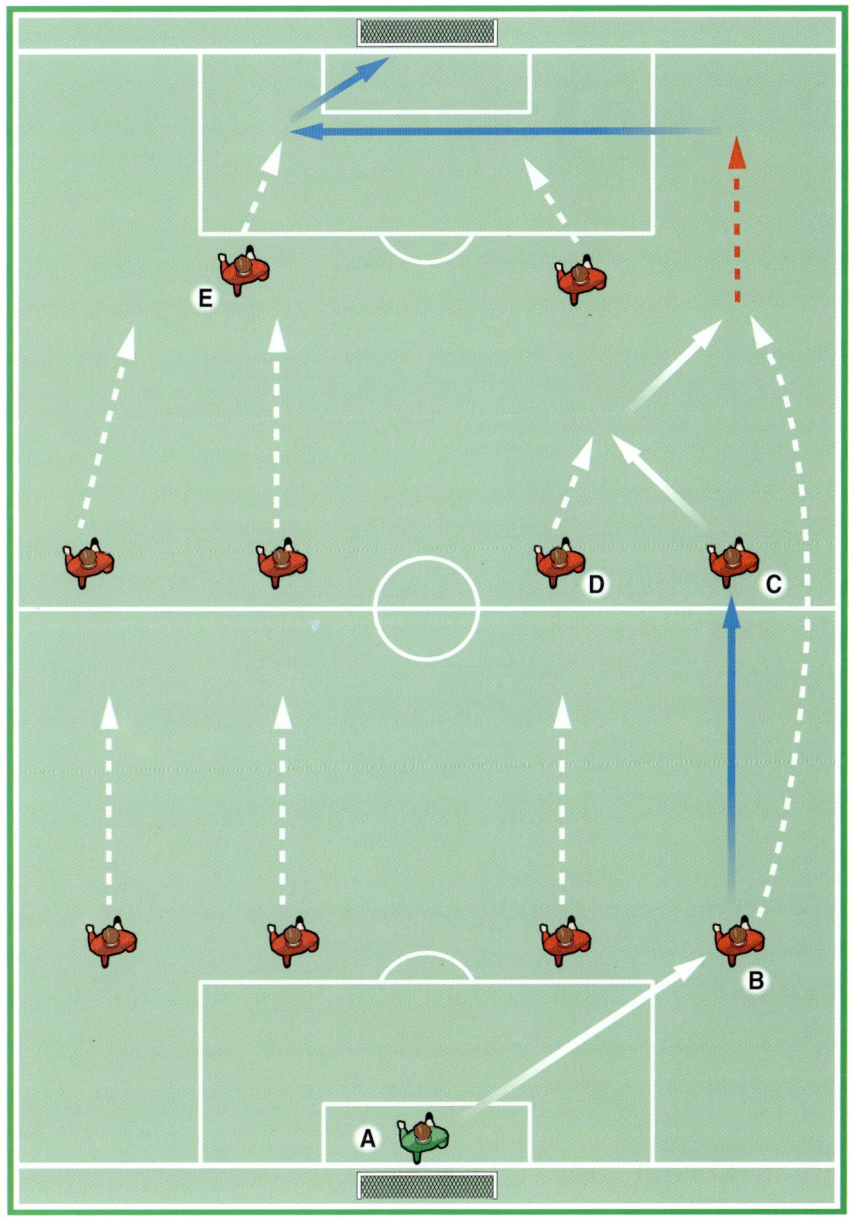

Objectifs : S'exercer à la passe, mener une passe et consolider les efforts de l'équipe
Joueurs : 11
Niveaux : Débutant, intermédiaire, avancé
Équipement : 1 ballon, 1 terrain de dimensions réglementaires

Une passe dans le vide consiste à tenter de marquer un but sans opposition. Voilà une bonne façon pour une équipe de s'exercer aux différents déplacements. Toute l'équipe doit prendre place sur le terrain. Généralement, vous pourriez adopter un schéma 4-4-2, bien que l'entraîneur ou le joueur désigné puisse le modifier en fonction de la tactique qui sera déployée.

Dans l'exemple que nous retiendrons, le gardien de but (le joueur A) fait rouler le ballon en direction du défenseur droit (le joueur B), qui le passe ensuite au centre droit (le joueur C) et se lance dans une course parallèle en direction de l'aile droite. Le centre droit envoie le ballon au joueur de centre (le joueur D), qui l'envoie sur la trajectoire parcourue par le joueur B. Ce dernier s'empare du ballon et effectue une passe à travers le terrain en direction du poteau de but vers lequel le joueur d'attaque gauche (le joueur E) a couru avant de lancer le ballon à l'intérieur du but.

Pendant ce temps, les autres joueurs doivent effectuer les déplacements ainsi qu'ils le feraient au cours d'un match.

L'entraîneur peut proposer différents déplacements et modifier la formation de l'équipe. Vous pouvez exécuter cet exercice en groupes moins nombreux de trois ou quatre joueurs. Lorsque l'équipe maîtrise bien ce déplacement, faites intervenir une équipe adverse afin d'ajouter du réalisme à l'exercice.

La maîtrise de la passe

chapitre trois

LES JEUX DE TÊTE

Presque partout au monde on désigne le soccer sous le nom de football, non sans raison. Si le pied est le principal instrument de ce jeu, la tête occupe le second rang. Chaque joueur aspirant doit être en mesure de frapper le ballon de la tête pour l'envoyer en plusieurs directions. (Cependant, n'oubliez pas notre mise en garde initiale ; ne balancez pas la tête mais faites-en le prolongement de tout votre corps.)

Un défenseur doit pouvoir frapper avec sa tête pour rediriger tous les ballons aériens qui approcheraient dangereusement dans sa direction. Le joueur de centre doit pouvoir faire de même, en particulier lorsqu'un coup frappé par le gardien de but atterrit sur son territoire. Et l'attaquant, quelle que soit sa taille, doit pouvoir recevoir sur la tête un lancer croisé et rediriger le ballon vers le but de l'équipe adverse.

Il existe quatre grandes catégories de coups de tête : le coup de tête défensif vers le haut pour éloigner le ballon le plus possible ; le coup de tête offensif, en direction du but adverse, est dirigé vers le sol pour accroître la difficulté du gardien ; le coup de tête déviant, que l'on emploie pour passer le ballon à un coéquipier ou pour marquer un but, modifie quelque peu sa trajectoire pour duper le gardien ou pour éloigner un défenseur de l'équipe adverse ; enfin, le coup de tête arrière, par lequel un joueur projette le ballon derrière lui afin qu'il maintienne sa trajectoire originale, très utile pour les corners et les rentrées de touche.

La plupart des équipes comptent des spécialistes du coup de tête, en général les défenseurs centres et les attaquants, mais un centre qui ne saurait pas réussir les frappes de la tête ferait un piètre joueur. Même le gardien de but doit à l'occasion exécuter ce mouvement. Une équipe risque peu de remporter un match si ses joueurs ne maîtrisent pas la frappe de la tête.

SOL CAMPBELL

Sol Campbell, un défenseur de l'équipe d'Angleterre, mesure 1,90 mètre. Avec sa taille, sa force supérieure et son équilibre parfait, il est pratiquement imbattable lorsqu'il s'élève dans les airs. Ces qualités lui donnent l'avantage sur la plupart des attaquants, mais sa concentration, son synchronisme et sa bravoure sont tout aussi déterminants lorsqu'il vole à la rencontre du ballon et qu'il le redirige en un point stratégique. De plus, il est extrêmement dangereux dans les seize mètres de l'équipe adverse où il s'avance immanquablement et d'où il marque de nombreux buts.

EXERCICE 15
L'ÉCHAUFFEMENT POUR LA FRAPPE DE LA TÊTE

Objectifs : Enseigner les mouvements élémentaires du coup de tête ou participer à l'échauffement avant l'entraînement ou un match
Joueurs : De 1 à 30
Niveaux : Débutant, intermédiaire, avancé
Équipement : Aucun

Une frappe de la tête est un mouvement qui exige la participation du corps entier et non seulement de la tête. Il est donc utile de vous exercer au type de mouvement nécessaire afin d'administrer un coup de tête au ballon et de déterminer quels sont les muscles sollicités. Seul ou en groupe, placez les bras devant comme si vous ramiez, puis penchez la tête (en ramenant les coudes derrière et en tendant les muscles du cou en même temps) comme si vous frappiez le ballon avec le crâne.

Exercice d'adresse 15

Certains entraîneurs décrivent le moment où l'on penche la tête pour frapper le ballon comme « le coup d'œil sur le ballon ». Autrement dit, ne laissez pas le ballon vous frapper la tête mais attaquez-le de façon franche. Alors qu'il approche de vous, ne le perdez pas des yeux et, au dernier instant, présentez la tête sans le quitter des yeux afin d'aller à sa rencontre.

▲ La star argentine Ariel Ortega frappe le premier le ballon.

50   Les jeux de tête

EXERCICE 16
LA FRAPPE DE LA TÊTE DÉFENSIVE

Exercice d'adresse   16

Réussir un saut en vue d'exécuter une frappe de la tête est une affaire de synchronisme. Il est absolument essentiel de suivre du regard la trajectoire du ballon depuis le coup d'envoi et de rectifier sans cesse la position des pieds pour se trouver précisément au point de contact. Vous devez vous efforcer de frapper le ballon au plus haut point qui soit. Si vous pouvez, commencez à courir et projetez-vous dans les airs à l'aide de votre pied le plus puissant, soulevez les bras et écartez les coudes pour assurer l'équilibre (soyez prudent et pas de coup défendu !). Si vous avez prévu votre bond avec exactitude, vous pourrez frapper le ballon de la tête lorsque vous serez dans les airs. Toutefois, si vous perdiez le ballon de vue, ne serait-ce qu'une fraction de seconde, vous le rateriez assurément.

Objectifs : S'exercer à la frappe de la tête et trouver de l'assurance
Joueurs : 2
Niveaux : Débutant, intermédiaire, avancé
Équipement : 1 ballon

Le joueur A prend position à cinq mètres du joueur B et lui lance le ballon par en dessous à la hauteur de la tête (pour lui éviter de sauter). Le joueur B attend le ballon et, lorsqu'il bondit sur son front, le renvoie fermement en direction du joueur A. Lorsque ce dernier a réussi dix frappes de suite, les joueurs changent de rôle.

Exercice 16
PROGRESSION
Objectif : S'exercer à se propulser pour frapper de la tête
Joueurs : 2
Niveaux : Débutant, intermédiaire, avancé
Équipement : 1 ballon

La prochaine étape consiste à se propulser pour aller à la rencontre du ballon. Les joueurs A et B se placent à sept mètres de distance. Le joueur A lance le ballon par en dessous en visant un peu plus haut que lors de l'exercice de base. Il le lance à une hauteur telle que son coéquipier doit se propulser dans les airs afin de le toucher (voir l'exercice d'adresse 16) et de le lui renvoyer d'un coup de tête. Tous deux doivent s'efforcer de toucher le ballon au point le plus élevé qui soit. Ainsi, au cours d'un match, ils auront plus de chances de conserver le ballon au détriment d'un adversaire. Il faut imprimer de la force et une direction (donc de la hauteur et de la distance) aux coups de tête afin d'éloigner le ballon du moindre danger. Mettez le joueur B au défi de relancer d'un coup de tête le ballon sur le front de son compagnon.

Les jeux de tête

EXERCICE 17
LA FRAPPE DE LA TÊTE TRIANGULAIRE

Objectif : S'exercer à la technique et au synchronisme de la frappe de la tête
Joueurs : 3
Niveaux : Débutant, intermédiaire, avancé
Équipement : Cônes de repère, 2 ballons

Délimitez un terrain de neuf mètres carrés. Le joueur A se place au centre du carré et les deux autres prennent position dans les angles de la ligne de fond. Le joueur B lance son ballon par en dessous en direction du joueur A, qui le lui renvoie d'un coup de tête. Ensuite, le joueur C lance son ballon au joueur A. Ce dernier doit donc se tourner et frapper de nouveau de la tête pour renvoyer le ballon. Les joueurs B et C peuvent varier la hauteur et le rythme des lancers, de sorte que le joueur A doive sauter ou se courber. Ils peuvent également accroître la vitesse des lancers après quelque temps pour que l'exercice soit plus stimulant.

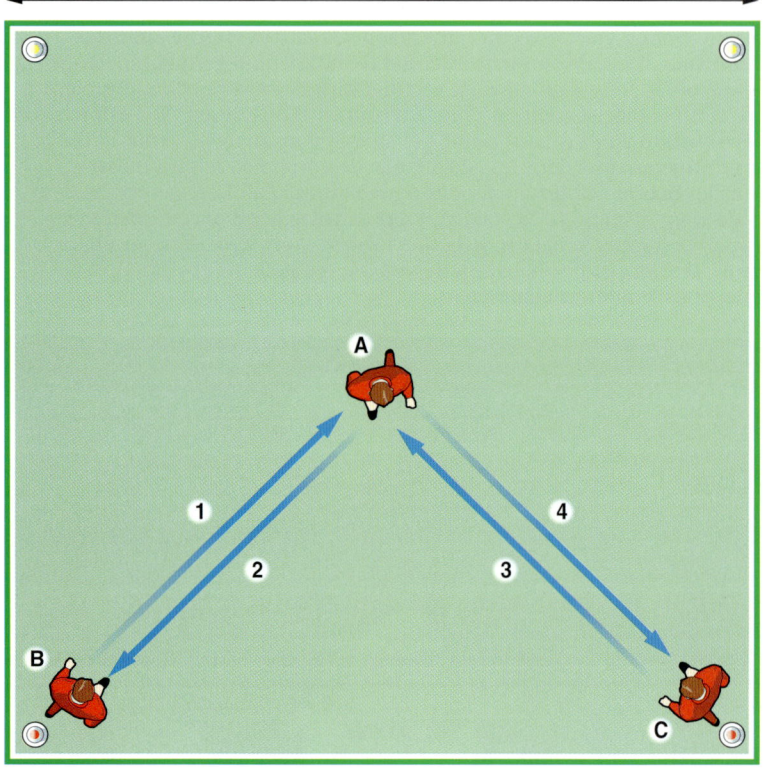

L'Argentin Nelson Vivas se propulse en hauteur pour rediriger le ballon. ▶

Exercice d'adresse   17

Ainsi qu'il en est de tous les coups de tête, lorsque vous recevez une passe longue et en hauteur, il ne faut jamais perdre le ballon de vue, pas même une fraction de seconde. Il faut une forte concentration pour suivre le parcours du ballon et se mouvoir de telle sorte que l'on se trouve directement sous lui, les pieds solidement posés au sol, alors qu'il s'approche. Criez votre nom à l'intention de vos coéquipiers pour leur signaler que vous vous apprêtez à frapper le ballon, sinon vous risquez une collision. Si quelqu'un lance son nom avant vous, vous devez dégager le terrain même si vous estimez être en meilleure position que lui. Lorsque vous êtes en position, vous devez sauter dans les airs pour frapper le ballon au plus haut point qui soit ; si vous êtes en mesure de frapper sans sauter, restez au sol et frappez fermement d'un geste précis. L'important consiste à prendre la position indiquée et à être assuré de frapper le ballon avec fermeté pour qu'il effectue un mouvement de retour (dans les airs pour qu'il retourne d'où il vient). À mesure que vous serez plus confiant, vous pourrez frapper le ballon plus haut que sa trajectoire initiale et l'envoyer directement sur le parcours de l'un de vos coéquipiers.

Les jeux de tête

EXERCICE 18
LA FRAPPE DE LA TÊTE EN HAUTEUR

Objectif : S'exercer à la technique et au synchronisme de la frappe de la tête défensive contre les passes longues
Joueurs : 3
Niveaux : Débutant, intermédiaire, avancé
Équipement : 1 ballon, 1 terrain de jeu réglementaire

Entre autres choses, la frappe de la tête défensive sert à retourner le ballon d'où il vient, après qu'un joueur de l'équipe adverse l'a frappé dans son propre centre. Le joueur A, un gardien de but, frappe le ballon en direction des joueurs B et C, lesquels se trouvent sur la circonférence du cercle central dans la zone face au joueur A. Les joueurs B et C doivent frapper le ballon avec la tête sans qu'il ne bondisse au sol. Cet exercice est excellent pour améliorer la communication défensive, car les deux défenseurs doivent se concerter afin de déterminer lequel effectuera la frappe de la tête. Celui qui estime être le mieux en mesure de réussir le coup doit crier son nom suffisamment tôt pour que l'autre lui cède le terrain.

Exercice 18
PROGRESSION
Objectif : S'exercer à la frappe de la tête défensive sous pression
Joueurs : 5
Niveaux : Débutant, intermédiaire, avancé
Équipement : 1 ballon, 1 terrain de jeu réglementaire

Lorsque les joueurs B et C savent maîtriser le retour du ballon en le frappant de la tête, ajoutez le joueur D et, subséquemment, le joueur E pour leur faire opposition. Ces deux derniers cherchent à s'emparer du ballon. Rappelez aux joueurs qu'ils doivent user de prudence pour éviter toute blessure.

Les jeux de tête

EXERCICE 19
LA FRAPPE DE LA TÊTE À LA DIAGONALE

Objectif : Pratiquer un dégagement par frappe de la tête à la diagonale
Joueurs : 3
Niveaux : Débutant, intermédiaire, avancé
Équipement : 1 ballon et 1 terrain de jeu réglementaire

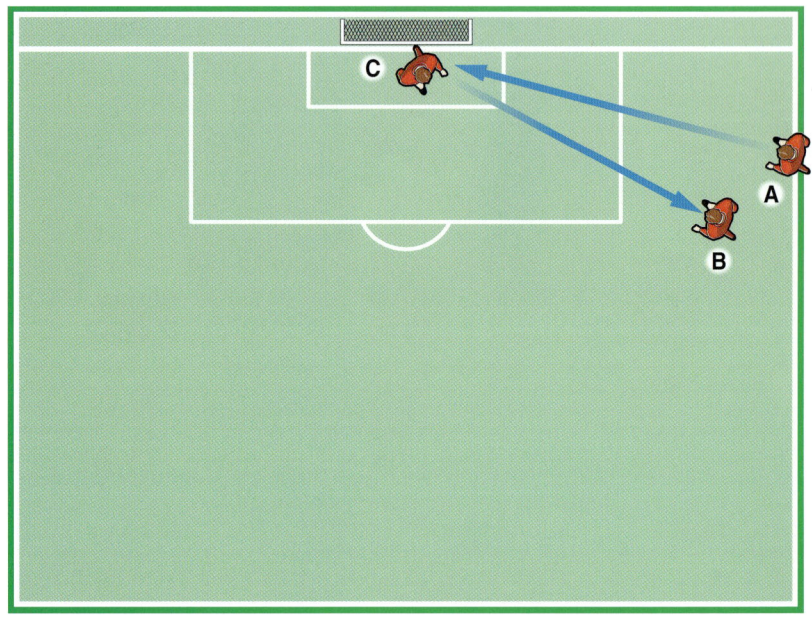

Lorsque vous frappez le ballon de la tête, vous devez le faire selon un angle afin de le dégager vers la zone la plus sûre du terrain tout en lui faisant parcourir la distance la plus longue qui soit.

Pour cet exercice, le joueur A effectue un lancer de loin vers la surface de réparation, alors que le joueur B se place à deux mètres à l'extérieur de cette zone, voire à l'un des angles (du même côté que le joueur A). Où qu'il se trouve à l'intérieur des six mètres, le joueur C doit frapper le ballon de la tête en direction du joueur B. Il faut donner puissance et précision à cette frappe de la tête pour que, d'une position dangereuse, le ballon soit envoyé vers un endroit relativement sûr.

Exercice 19
PROGRESSION

Objectif : Pratiquer un dégagement par frappe de la tête à la diagonale
Joueurs : 4
Niveaux : Intermédiaire, avancé
Équipement : Dossards, 1 ballon

Ajoutez le joueur D, un attaquant, à l'exercice. Le joueur D tentera de s'emparer du ballon et compliquera le dégagement amorcé par le joueur C. Vous pouvez ajouter davantage de joueurs offensifs et défensifs à l'exercice et, plutôt que de lancer le ballon, il peut être frappé de la tête à la diagonale.

Exercice d'adresse 18

La frappe de la tête offensive en angle s'exécute selon un angle variant entre 45 et 60 degrés. Approchez-vous du ballon de la même manière, mais frappez-le avec le côté du front (le côté correspondant à la direction dans laquelle vous voulez rediriger le ballon) et, au moment du contact, penchez la tête et effectuez un mouvement de torsion dans la direction où vous voulez envoyer le ballon. La puissance du geste est essentielle car vous devez dégager le ballon le plus loin possible ; attaquez-le et déployez toute la force de votre cou pour le frapper.

Le joueur défensif hollandais Jaap Stam atteint le ballon et le redirige en zone sûre. ▶

EXERCICE 20
LA POURSUITE ET LA FRAPPE DE LA TÊTE

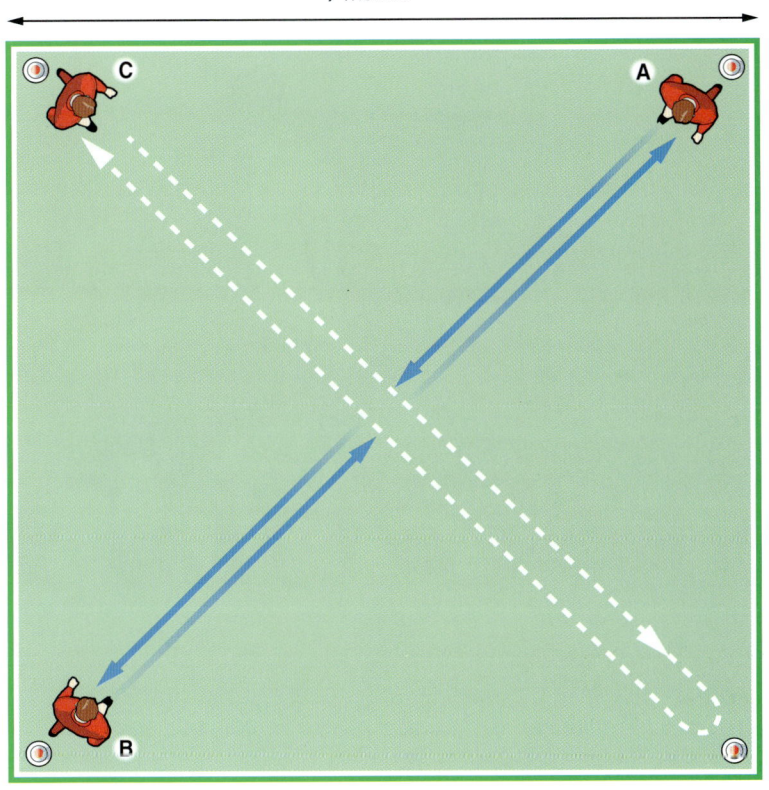

Objectif : S'exercer à la frappe de la tête en courant
Joueurs : 3
Niveaux : Débutant, intermédiaire, avancé
Équipement : Cônes de repère, 2 ballons

Délimitez un carré de neuf mètres de côté. Deux joueurs (A et B), qui se lanceront le ballon, se placent dans des angles opposés. Le joueur C prend place dans un autre angle. Ce joueur court vers le centre du carré et, alors qu'il amorce sa course, le joueur A lance le ballon dans les airs dans sa direction. Le joueur C frappe le ballon fermement de sa tête, le redirige vers le joueur A et poursuit sa course en direction de l'angle opposé ; lorsqu'il y parvient, il rebrousse chemin et retrouve le centre lorsque le joueur B lance à son tour le ballon dans les airs, que C renvoie d'un coup de tête. Il poursuit sa course vers l'angle de départ et reprend l'exercice depuis le début. Après avoir échangé dix frappes de la tête, les joueurs changent de position.

Exercice d'adresse 19

Afin d'imprimer au ballon un mouvement descendant, il faut le frapper à son point le plus haut ; baissez le menton et effectuez une torsion descendante dans la direction où vous voulez envoyer le ballon. Pour déployer de la force, vous devez réellement attaquer le ballon à l'aide des muscles du cou et mouvoir votre tronc supérieur de telle sorte qu'il aille à la rencontre du ballon et le frappe en direction de la cible. On parle alors d'une frappe de la tête offensive.

EXERCICE 21
LA FRAPPE DE LA TÊTE POUR MARQUER UN BUT

Objectif : S'exercer à la frappe de la tête en direction du but
Joueurs : 3
Niveaux : Intermédiaire, avancé
Équipement : La moitié d'un terrain réglementaire, des dossards (pour identifier les attaquants et les défenseurs), 10 ballons

▲ Le puissant joueur d'attaque de l'équipe d'Angleterre Dion Dublin marque un but grâce à une de ses fameuses frappes de la tête.

Le type de frappe de la tête qui s'impose quand on tente de marquer un but repose essentiellement sur la situation, à savoir l'endroit où se trouve le gardien, le nombre de défenseurs qui se trouvent entre l'attaquant et le but, la vitesse de la passe, et ainsi de suite. Toutefois, le meilleur moyen de marquer contre le gardien consiste souvent, mais pas toujours, à effectuer une frappe descendante de la tête. La raison en est que le ballon touche le sol, loin des mains du gardien et qu'il exécutera peut-être un rebond déstabilisant.

Pour cet exercice, le joueur A se place sur la ligne de touche, à distance égale des angles délimitant la surface de réparation. Le joueur B se place sur l'arc de cercle de la surface de réparation, un ballon à ses pieds. Le joueur B effectue une passe loin devant le joueur A qui court vers le ballon, fait un toucher et un croisé en direction de la surface de réparation. Entre-temps, le joueur B court dans cette zone pour recevoir le ballon en lui imprimant une frappe descendante de la tête (voir l'exercice d'adresse 19 à la page 55) en direction du coin inférieur du but. Le joueur C, un gardien de but, tente d'éviter le coup. Le joueur A doit varier la vitesse et la direction de ses croisés afin que le joueur B puisse s'exercer à la frappe de la tête en diverses situations.

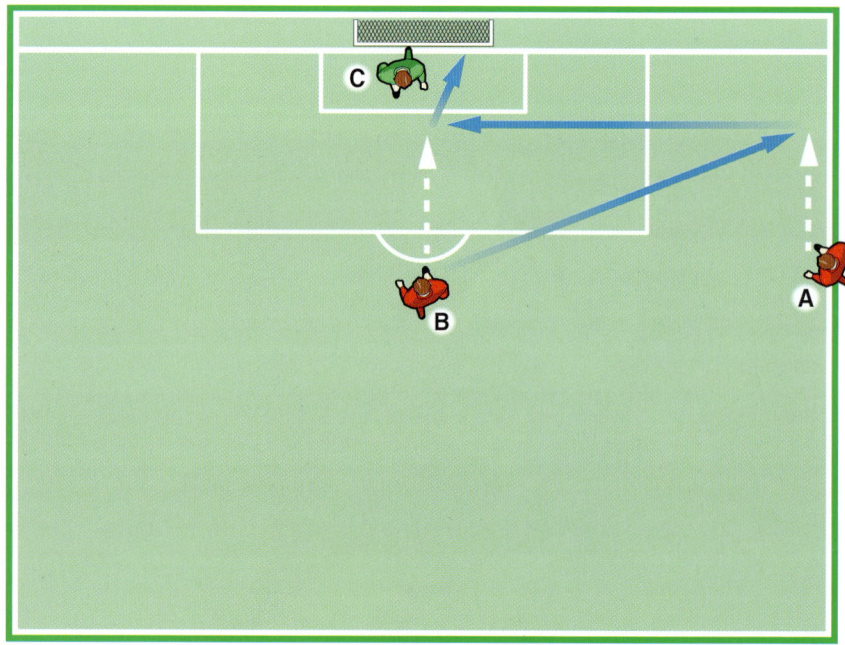

EXERCICE 22
LA POURSUITE SYNCHRONISÉE

Objectifs : S'exercer à synchroniser une poursuite offensive dans la surface de réparation, se défendre d'un croisé et diriger le ballon en croisé
Joueurs : 4
Niveaux : Intermédiaire, avancé
Équipement : La moitié d'un terrain réglementaire, des dossards (pour identifier les attaquants et les défenseurs), 1 ballon

Dans cet exercice, deux attaquants (A et B) jouent contre un défenseur (C) et un gardien de but (D). Posez le ballon sur la démarcation de la surface de réparation que le joueur A dirige loin devant le joueur B. Ce dernier doit le toucher en croisé à l'extérieur de la surface de réparation, alors que le joueur A synchronise sa course sur le joueur C qui cherche lui aussi à marquer un coup d'une tête.

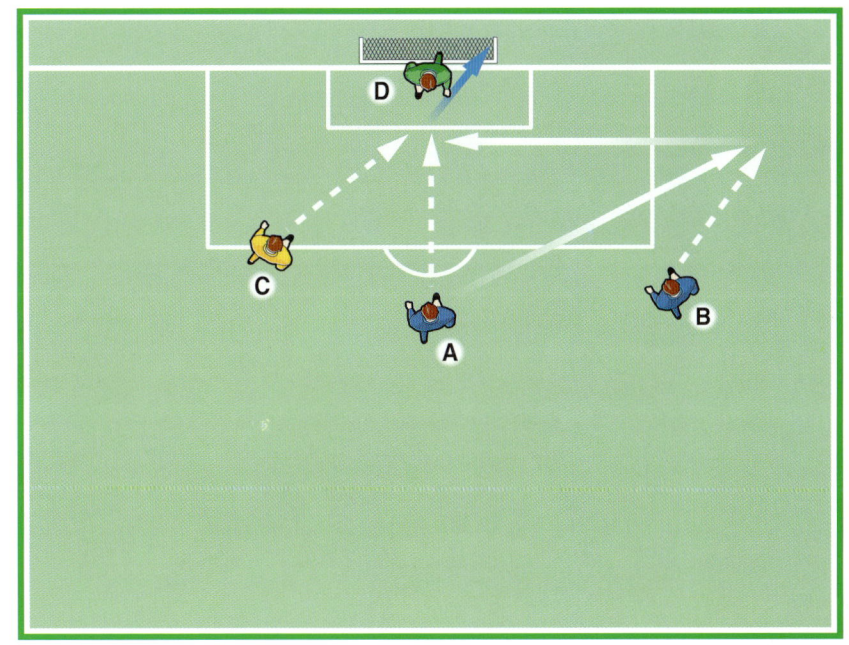

Exercice 22
PROGRESSION

Objectifs : S'exercer à synchroniser une course offensive à l'intérieur de la surface de réparation, se défendre contre un croisé et diriger le ballon en croisé sous pression
Joueurs : 5
Niveaux : Intermédiaire, avancé
Équipement : La moitié d'un terrain réglementaire, des dossards (pour identifier les attaquants et les défenseurs), 1 ballon

Jouez deux contre deux, alors que le joueur A doit calculer sa course dans le but de battre deux défenseurs plutôt qu'un. Cela exige de courir avec force intelligence et s'avère un excellent exercice défensif pour les défenseurs et permet au joueur B de pratiquer ses croisés.

Les jeux de tête

EXERCICE 23
LA FRAPPE DE LA TÊTE DÉVIANTE

Objectif : S'exercer à la frappe de la tête déviante
Joueurs : 3
Niveaux : Intermédiaire, avancé
Équipement : Cônes de signalisation, 5 ballons

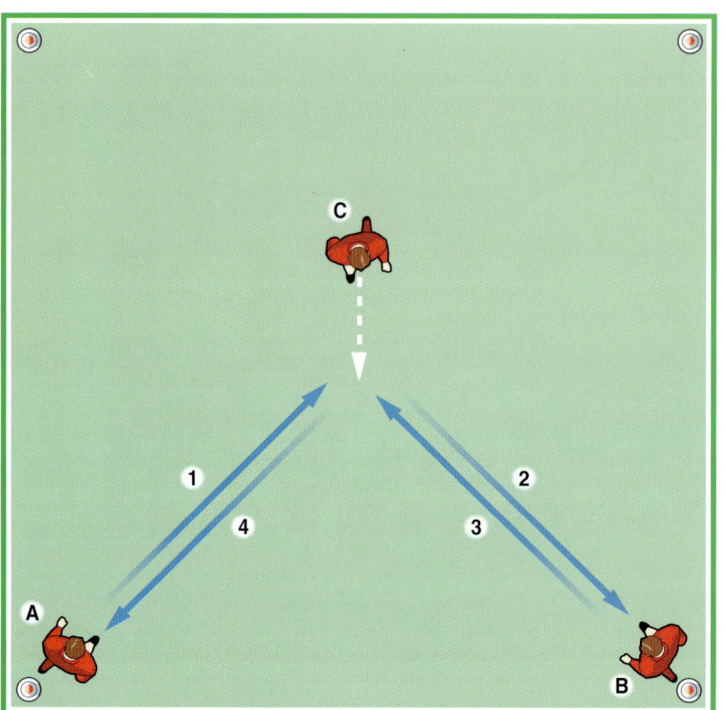

Les joueurs A et B se placent en des points opposés sur la ligne de touche d'un périmètre de neuf mètres carrés. Le joueur C se place au centre du carré, à cinq mètres de la ligne de touche. Le joueur A lance le ballon au joueur C qui court quelque peu pour, d'un coup de tête, le faire dévier de sa trajectoire en direction du joueur B. Ce dernier relance le ballon et le joueur C le fait dévier en direction du joueur A, et ainsi de suite. Les joueurs A et B modifient la hauteur, la vitesse et la fréquence des lancers. Au bout de cinq minutes, les joueurs changent de position.

Exercice d'adresse 20

On exécute une frappe de la tête déviante en tournant la tête dans la direction du ballon au moment du contact. La touche est légère et non pas ferme, de sorte que la trajectoire soit quelque peu modifiée. Cette frappe de la tête est employée pour marquer un but, porter le ballon dans un coin du filet, mais également pour passer le ballon à un coéquipier ou participer à un dangereux croisé dans les seize mètres.

Dwight Yorke de Trinidad et Tobago fait ricocher le ballon ▶ dans le filet pour le compte de Manchester United.

Les jeux de tête

EXERCICE 24
LA FRAPPE DE LA TÊTE PLONGEANTE

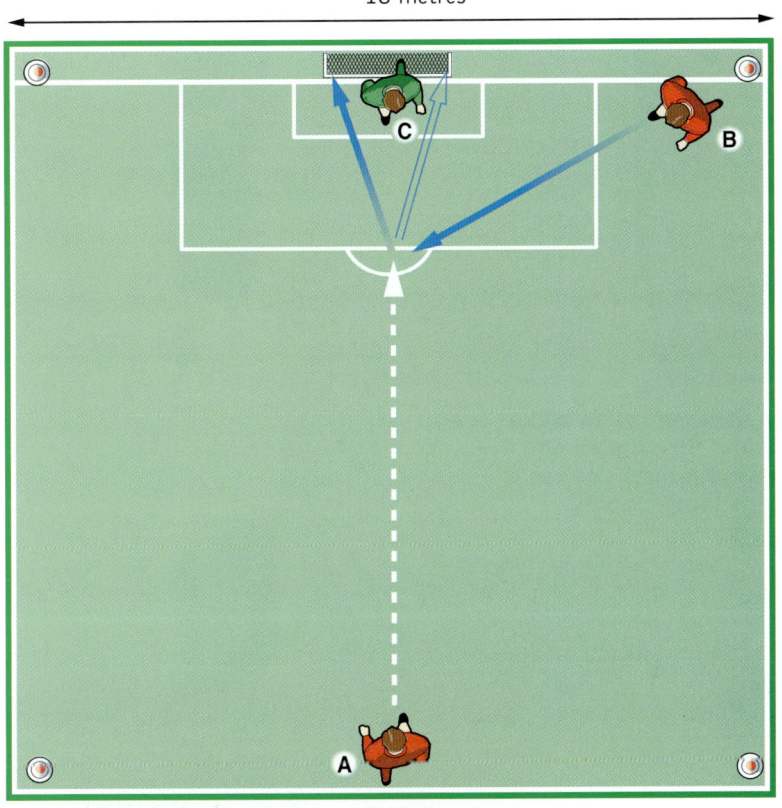

Objectif : S'exercer à la tête plongeante
Joueurs : 3
Niveaux : Intermédiaire, avancé
Équipement : Cônes de repère, 1 but réglementaire, 10 ballons

Il existe peu de façons plus satisfaisantes de marquer un but qu'avec une frappe de la tête plongeante. Ce mouvement exige de la bravoure, du synchronisme et de la technique. La frappe de la tête plongeante est également utile pour dégager le ballon en situation défensive ou pour en prendre possession au milieu du terrain.

Pour accomplir cet exercice en toute sûreté, il faut l'exécuter sur une surface non durcie ou sur un tapis de sol dans un gymnase.

Délimitez un périmètre de 18 mètres carrés et installez un but sur l'une de ses faces. Le joueur A se place face au but. Le joueur B se place dans un angle près du but et le joueur C, un gardien de but, prend position devant le but. Le joueur A avance au pas de course, le joueur B envoie le ballon en croisé en direction du receveur, à environ un mètre du sol, et le joueur A le reçoit d'une frappe de la tête plongeante en s'efforçant de marquer un but.

Exercice d'adresse   21

Lorsque vous voulez effectuer une frappe de la tête plongeante, il faut vous concentrer sur la trajectoire du ballon. Lorsque vous êtes convaincu de pouvoir l'atteindre en plongeant devant, calculez votre course en fonction de la vitesse du ballon et projetez-vous à sa rencontre pour le frapper de la tête. Projetez vos bras devant, loin de votre corps pour trouver l'équilibre, et concentrez-vous simplement sur le contact ferme qui doit s'établir. D'office, votre plongeon donnera de la force à votre coup de tête (si vous établissez un bon contact, surtout si le croisé vous parvient à une vitesse rapide). Si vous désirez projeter le ballon en droite ligne (là où vous pointez), vous n'aurez pas à l'orienter. Il vous suffira de le frapper en son centre. Si vous le touchez en dessous, il volera dans les airs. Si vous devez le rediriger, ayez recours aux muscles de votre cou et de vos épaules, ainsi que vous le feriez pour d'autres frappes de la tête.

Les jeux de tête

EXERCICE 25
LE COUP DE TÊTE RENVERSÉ

Objectif : Acquérir l'adresse du coup de tête renversé et s'y exercer
Joueurs : 3
Niveaux : Débutant, intermédiaire, avancé
Équipement : Cônes de signalisation, 5 ballons

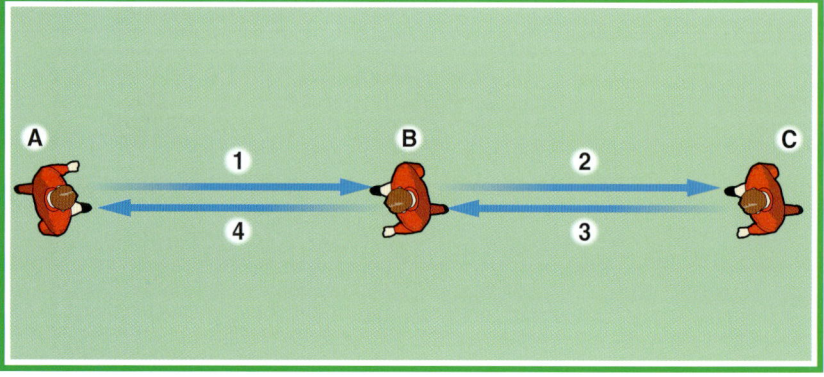

D'une distance de sept mètres, le joueur A lance le ballon au joueur B qui le renvoie d'un coup de tête renversé au joueur C (voir l'exercice d'adresse 22 à la page 61), qui se trouve à sept mètres derrière lui. Le joueur B se tourne et le joueur C lui envoie le ballon en un mouvement inverse. Les joueurs A et C qui font le service doivent varier la hauteur et la vitesse des lancers, et faire en sorte que le joueur B ait parfois à sauter en direction du ballon et à lui donner un coup de tête renversé afin qu'il s'exerce à plusieurs mouvements.

Les jeux de tête

Exercice 25
PROGRESSION

Objectif : S'exercer au coup de tête renversé sous pression et le maîtriser
Joueurs : 4
Niveaux : Intermédiaire, avancé
Équipement : Cônes de signalisation, 5 ballons

Ajoutez un défenseur, le joueur D, à l'exercice. Il doit se trouver derrière le joueur B (quelle que soit la direction à laquelle il fait face). Il devrait chercher à s'emparer du ballon bien que, si le lancer est bien exécuté, il devrait éprouver beaucoup de difficulté à y parvenir sans bousculer le joueur B qui sera le premier à le saisir en raison de sa position. Voilà pourquoi il est difficile de défendre un coup de tête renversé lors des coups francs et des corners et pourquoi les équipes adverses assignent souvent deux défenseurs (un joueur de défense devant, l'autre derrière) à un attaquant qui cherche à exécuter un tel coup.

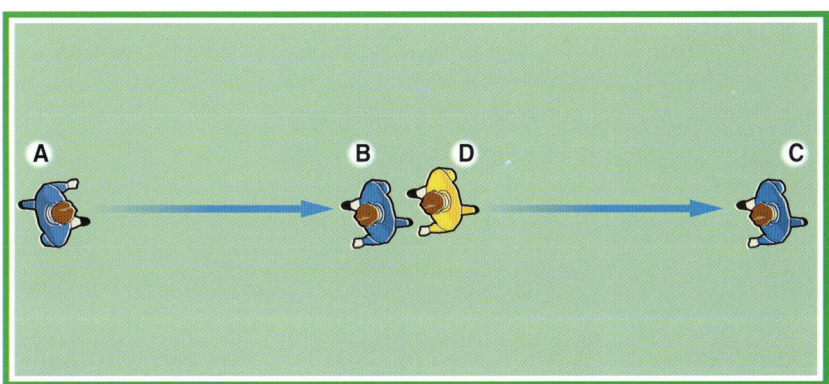

◀ Paolo Wanchope du Costa Rica fait un malheur à l'intérieur des seize mètres grâce à un coup de tête renversé parfaitement exécuté.

Exercice d'adresse 22

On exécute un coup de tête renversé en frappant le ballon à l'aide de l'occiput, de sorte qu'il dévie quelque peu de sa trajectoire tout en poursuivant sa course dans la même direction. Il s'agit d'un mouvement utile pour semer la confusion lors d'une attaque et pour retourner le ballon au gardien lors d'une tactique défensive. Étant donné que le ballon se déplace en général à grande vitesse, la moindre modification de sa vitesse et de son parcours peut semer la confusion à l'intérieur de la surface de réparation de l'adversaire ou encore, lors d'un jeu ouvert, peut accroître la distance d'un lancer ou d'un botté vers la partie supérieure du terrain.

Il s'agit d'un mouvement très difficile à maîtriser car il faut établir un contact très léger avec le ballon. À mesure qu'il s'approche de vous, synchronisez votre saut de sorte que vous basculiez la tête et le tronc supérieur vers l'arrière (en un point de rencontre avec la trajectoire du ballon) pour que le ballon puisse dévier sur votre front au moment où il vole au-dessus de vous. Plus le ballon vole vite, plus le contact doit être léger.

Les jeux de tête

chapitre quatre

LE TIR DE PRÉCISION

Peu importe l'ardeur de l'équipe, à défaut de viser avec justesse, ses efforts ne seront pas récompensés. Risquons une statistique et affirmons que les trois quarts des buts sont attribuables au tir et que, plus une équipe s'y exerce, plus elle devient habile à ce mouvement.

On peut viser quelle que soit la distance en recourant à une pléthore de techniques. On exécute un tir de puissance de l'extérieur de la surface de réparation, même de son propre territoire, à l'aide du cou-de-pied, suivi d'un dégagé. Ce mouvement peut marquer les buts les plus spectaculaires. Toutefois, une simple passe latérale devant le filet peut s'avérer tout aussi efficace pour compter un but et pas moins appréciable au chapitre de la marque finale. On peut effectuer un tir à la volée lorsque le ballon vole (à la demi-volée lorsqu'il rebondit), en crochet avec la face interne ou externe du pied et, peut-être le moyen le plus efficace d'entre tous, le cocher devant un gardien désespéré.

Le joueur qui s'apprête à effectuer un tir doit choisir entre la force et la précision. Quand le tir est puissant et bien ciblé, il risque de vaincre le gardien de but. Mais un tir de précision exige peu de puissance pour franchir la marque du filet. Vous devez vous exercer à ces deux types de tir afin de pouvoir varier votre jeu.

Le tir peut également entraîner un coup de pied de réparation, qui s'avère un avantage intéressant du jeu moderne car le sort de tant de matchs se décide, après une prolongation, en fonction des tirs de réparation, d'autant que les modifications aux règles du jeu

ANDREI SHEVCHENKO

Le joueur d'attaque ukrainien Andrei Shevchenko est l'un des joueurs les plus rapides du monde et l'un des tireurs hors pair que l'on craint le plus. Shevchenko est passé maître dans l'art de repérer une zone découverte entre le gardien et son poteau de but, mais il parvient également à frapper le ballon avec tant de force que peu de gardiens sont en mesure de l'intercepter. À l'instar de tous les grands maîtres, il a consacré d'innombrables heures à perfectionner son tir.

EXERCICE 26
VISER DROIT AU BUT

Objectif : S'exercer au tir de précision afin de marquer un but
Joueurs : Entre 1 et 5
Niveaux : Débutant, intermédiaire, avancé
Équipement : 1 mur, 1 craie, 10 ballons

Exercice d'adresse   23

Il existe plusieurs manières de tirer au but qui font appel à des mouvements que vous connaissez. Ainsi, vous pouvez employer la face interne du pied, frapper le ballon avec le cou-de-pied, l'envoyer à la volée ou le chasser. Nous reverrons chacun de ces mouvements en détail mais n'oubliez pas, lorsque vous effectuez un tir, de pencher la tête au-dessus du ballon au moment où vous le frappez. Le ballon se déplacera ainsi à faible altitude, tandis que si vous effectuez un mouvement de recul, il risque de voler plus haut que la barre latérale du but. Plus que tout, il importe de bien viser votre cible. Même si le gardien intercepte le ballon, vous pourriez mériter un corner ou le ballon pourrait rebondir en direction d'un coéquipier (ou de vous-même) et lui fournir une autre occasion de marquer un point.

Voici une façon simple de vous exercer au tir. Tracez quatre cibles sur le mur. Tracez ensuite un but aux dimensions réglementaires (soit deux poteaux d'une hauteur de deux mètres réunis par une barre transversale de sept mètres) et dessinez un cercle de 60 centimètres de diamètre dans chacun des quatre angles. Il s'agit des cibles optimales où viser, les endroits les plus difficiles à protéger, car le gardien se trouve au centre du but. Exercez-vous à tirer sur ces cibles à des distances variant entre 9 et 27 mètres avec les faces interne et externe du pied, le cou-de-pied et la face latérale. Il faut exercer vos deux pieds au tir car, tôt ou tard, vous devrez effectuer un tir de précision avec votre pied le plus faible. Il arrive aux joueurs professionnels de rater leur cible car ils tentent un tir à l'aide d'un pied plus faible alors que l'autre est mieux placé.

CONSEILS À L'INTENTION DE L'ENTRAÎNEUR

- Lorsque le joueur B contrôle le ballon, l'entraîneur ou un joueur désigné lance « À gauche ! » ou « À droite ! » pour lui indiquer quel coin viser.
- Le joueur B doit viser d'un seul coup plutôt que de contrôler le ballon.
- Le gardien court sur sa ligne afin de bloquer le but aussitôt que le serveur passe le ballon. Le joueur B doit effectuer son tir derrière lui.
- Le joueur B exécute ces exercices à l'aide de son pied le plus faible.

EXERCICE 27
UN COUP RÉUSSI

Objectif : S'exercer au tir de précision à l'aide de la face interne du pied
Joueurs : Entre 2 et 20
Niveaux : Intermédiaire, avancé
Équipement : 10 ballons, 2 cônes de repère, la moitié d'un terrain réglementaire, 1 but réglementaire

On voit souvent les meilleurs attaquants professionnels choisir leur cible et propulser le ballon dans le filet à l'aide de la face interne du pied lorsqu'ils repèrent une zone non protégée par le gardien, un peu comme s'ils envoyaient le ballon directement dans le filet. Le coup de pied latéral est précis et, si la technique est maîtrisée, il peut porter avec force.

Disposez un cône sur la ligne de but à un mètre de chacun des poteaux d'un but réglementaire. Le joueur A se place au centre du terrain, à sept mètres en dehors de la surface de réparation. Le joueur B se place sur l'arc de cercle de la surface de réparation. Le joueur A effectue une passe au ras du sol en direction du point de penalty. Le joueur B court en direction de la surface de réparation, contrôle le ballon à l'aide d'un toucher, puis le renvoie d'un coup latéral en visant la zone libre entre les cônes et les poteaux. Toute l'équipe peut prendre part à cet exercice, les joueurs alignés derrière B. Après que ce dernier a tiré au but, il court chercher le ballon (avec un peu de chance dans le filet) et le joueur A effectue une autre passe au profit du joueur suivant.

Pour connaître d'autres variantes de cet exercice, voyez l'encadré à l'intention de l'entraîneur sur la page ci-contre.

Le tir de précision

EXERCICE 28
CROISÉ EN DIRECTION DU DEUXIÈME POTEAU

Objectif : S'exercer au tir unique à courte portée
Joueurs : Entre 2 et 20
Niveaux : Débutant, intermédiaire, avancé
Équipement : 10 ballons, la moitié d'un terrain réglementaire, 1 but réglementaire

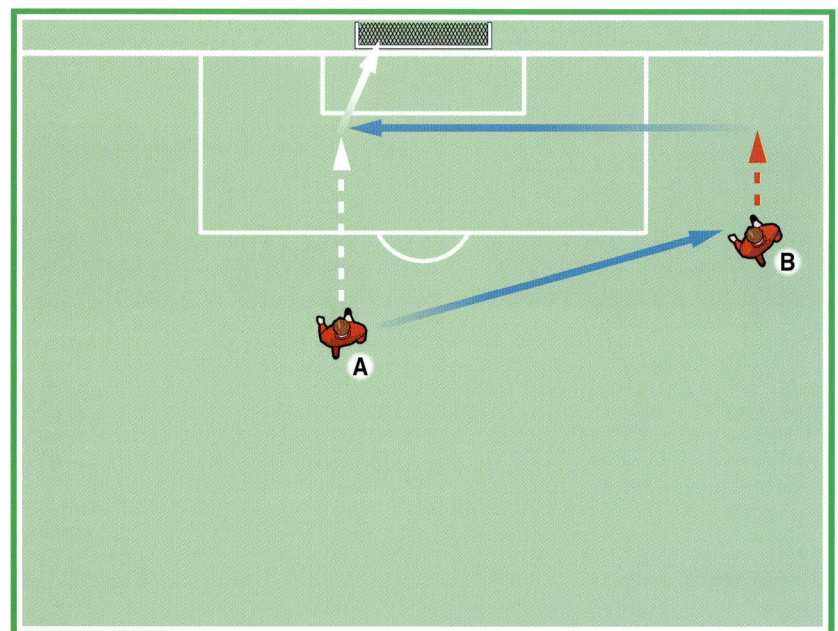

Lorsqu'un joueur professionnel peut envoyer le ballon au deuxième poteau, la chose semble facile. Elle ne l'est pas. Pour y parvenir, il a dû s'exercer mille fois plutôt qu'une.

Le joueur A se place n'importe où en dehors de la surface de réparation et effectue une passe en largeur au joueur B, lequel se trouve à deux mètres de la ligne de but, à proximité des seize mètres. Le joueur B contrôle le ballon et l'envoie ferme en croisé, à faible altitude, à travers le but pour qu'il parvienne au deuxième poteau. Le joueur A, qui a couru à cet endroit, le redirige avec la face interne de son pied (si le ballon n'approche pas trop rapidement, il peut le chasser, bien que le coup latéral soit plus précis) vers le coin du filet. Cet exercice peut requérir un nombre élevé de joueurs, lesquels feront la queue derrière le joueur B pour lui succéder tour à tour.

Exercice d'adresse 24

Le tir latéral exige toute l'adresse nécessaire à l'exécution d'une passe avec la face interne du pied (voir l'exercice d'adresse 1 à la page 23). La seule différence tient à la force que vous pouvez déployer car vous n'avez pas à vous préoccuper d'un éventuel receveur. De plus, vous êtes ici en mesure de berner l'adversaire quant à la direction du tir en prenant position dans une direction et, au dernier instant, en modifiant la position de votre corps, de votre jambe et de votre pied pour frapper le ballon dans une autre direction. Dans un premier temps, concentrez-vous plutôt sur le contact avec le ballon et la précision du tir.

◀ Le braconnage au deuxième poteau permet de remporter le match, ainsi que l'a démontré Solskjaer (Manchester United) lors de la Ligue des champions.

Exercice 28
PROGRESSION

Objectif : Disputer le ballon et se mettre en position de marquer un but
Joueurs : 4
Niveaux : Intermédiaire, avancé
Équipement : La moitié d'un terrain réglementaire

Refaites l'exercice avec deux attaquants (A et B) et deux ailiers (C et D). A et B se trouvent au centre du terrain à 18 mètres du but. B fait une passe à C qui se trouve à 18 mètres à sa droite. C court vers la ligne de but, alors que A et B courent en direction du premier ou du deuxième poteau, selon leur position de départ. C effectue un croisé vers l'un ou l'autre des poteaux, où un attaquant propulse le ballon d'un coup latéral dans le filet. Ensuite, on reprend l'exercice avec l'ailier gauche (D). Afin de varier, demandez à A et B de se croiser afin que A coure vers le premier poteau et B vers le deuxième.

Le tir de précision

EXERCICE 29
EXERCICE POUR LE PIED GAUCHE OU DROIT

Objectif : Acquérir l'adresse nécessaire pour rapidement placer son corps et effectuer un tir
Joueurs : De 2 à 20
Niveaux : Intermédiaire, avancé
Équipement : La moitié d'un terrain réglementaire, 1 but réglementaire, 10 ballons

Un joueur doit être en mesure de placer son corps et ses pieds dans le feu de l'action afin de lancer en direction du but. Un joueur a rarement assez de temps pour faire plus que décider en une fraction de seconde de tenter un tir ; d'instinct, il doit réagir par rapport à l'endroit où se trouve le ballon et là où il souhaite le rediriger.

Pour cet exercice, le joueur A (le serveur) se trouve juste à l'extérieur de l'arc de cercle de la surface de réparation. Les autres joueurs se placent au centre du terrain, à neuf mètres derrière lui, en direction du cercle central. Le joueur B passe le ballon au sol vers le joueur A et se met à courir en direction du but afin de le recevoir. Le joueur A contrôle le ballon et le pose soit à gauche, soit à droite, de sorte qu'il roule vers l'extrémité de la surface de réparation. Le joueur B doit modifier son parcours en fonction du côté où se trouve le ballon et lui donne un coup de pied en direction du but. Après coup, il doit récupérer le ballon et le remettre au joueur suivant qui reprend l'exercice du début.

CONSEILS POUR L'ENTRAÎNEUR
- Prévoyez un gardien de but pour ajouter au réalisme de l'exercice.
- Au moment où le serveur dégage le ballon, un défenseur (le joueur C) se précipite en dehors de la surface de but et tente de bloquer le lancer.

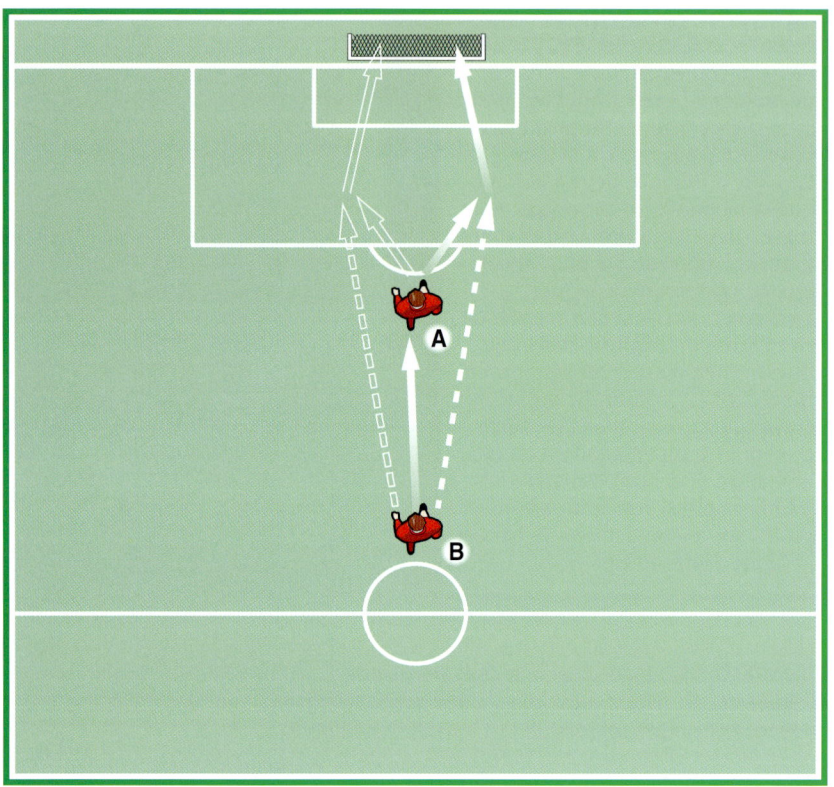

▼ Lorsque le Croate Davor Suker en a l'occasion, il atteint généralement la cible.

EXERCICE 30
LA VOLÉE

Objectif : S'exercer à lancer le ballon à la volée
Joueurs : 2
Niveau : Débutant
Équipement : 1 ballon

Exercice 30
PROGRESSION A

Objectif : S'exercer à tirer le ballon à la volée
Joueurs : De 2 à 10
Niveaux : Débutant, intermédiaire
Équipement : 10 ballons, 1 but réglementaire

Le joueur A se place sur le point de penalty et fait face au joueur B, qui se trouve à cinq mètres d'un côté ou de l'autre de A. Le joueur B lance le ballon par en dessous à une hauteur d'environ un mètre, de sorte qu'il atterrisse à mi-chemin entre A et le but. Le joueur A doit se tourner, suivre la trajectoire du ballon et le faire voler dans le but. Prévoyez un gardien de but pour que l'exercice soit réaliste. D'autres joueurs peuvent se mettre en file indienne derrière B et pratiquer la volée à leur tour. Quand un joueur a fait un tir au but, il récupère le ballon, le remet au suivant, va se placer à la queue de la file et attend de nouveau son tour.

Exercice 30
PROGRESSION B

Objectif : S'exercer à la volée en direction d'un but à partir d'un croisé
Joueurs : 2
Niveaux : Débutant, intermédiaire
Équipement : 10 ballons, 1 but réglementaire

Le joueur A se place à l'intérieur de l'arc de cercle de la surface de réparation et passe le ballon au joueur B qui se trouve à l'extrémité de cette zone. Le joueur B contrôle le ballon et effectue un croisé ; il vise quelque part entre le point de penalty et la ligne de surface de réparation, à environ un mètre au-dessus du sol. Entre-temps, le joueur A a couru à l'intérieur de la surface de réparation pour recevoir le croisé et envoie le ballon à la volée à l'intérieur du but.

On peut ajouter un gardien et des joueurs défensifs pour que l'exercice soit plus réaliste et plus exigeant.

La volée constitue l'une des façons les plus spectaculaires de compter un point. Pour cela, il faut profiter d'un synchronisme parfait et frapper avec force le ballon dans les airs. Si une volée est bien ciblée, le gardien de but a peu de chances de l'intercepter, à moins qu'il ne se trouve au bon endroit. Pour bien maîtriser la volée, il faut s'y exercer davantage que pour aucun autre mouvement (voir l'exercice d'adresse 6 à la page 28).

Le joueur A se place à 4,5 mètres du joueur B et lui lance le ballon par en dessous, de telle sorte qu'il lui parvienne à une hauteur de un mètre au-dessus du sol (moins haut en présence d'un joueur de petite taille). Le joueur B lui renvoie le ballon à la volée à l'aide de son pied le plus fort. Ensuite, les joueurs reprennent l'exercice et, cette fois, le joueur B utilise son pied le plus faible. Si le ballon atterrit à vos pieds, exercez-vous à la demi-volée.

Exercice d'adresse 25

La volée avec déhanchement est utile lorsqu'il faut prendre contact avec le ballon un peu plus haut que d'ordinaire (soit jusqu'à un mètre du sol). Ici encore, transférez votre poids sur la plante du pied de la jambe de soutien mais placez votre pied en angle en direction du ballon (par exemple si le ballon vous parvient de la droite, pointez votre pied à droite). Tournez-vous de sorte que votre épaule gauche (si vous frappez du pied droit) soit parallèle à votre pied. Regardez le ballon et, alors qu'il s'approche, balancez votre pied en l'air, tournez l'épaule et les hanches vers la gauche et pivotez sur la plante du pied. Ainsi, le pied frappeur pourra s'élever davantage. Touchez le ballon avec le cou-de-pied (la partie de la chaussure où se trouvent les œillets et le lacet).

Le tir de précision

EXERCICE 31
LE LANCER DE PUISSANCE

Objectif : S'exercer aux techniques du lancer de puissance
Joueurs : De 2 à 20
Niveaux : Débutant, intermédiaire, avancé
Équipement : 10 ballons, 1 but réglementaire

Le joueur A (le serveur) se place sur l'arc de cercle de la surface de réparation. Le joueur B se place cinq mètres devant lui, en direction opposée au but. Le joueur B envoie le ballon au joueur A et s'approche ensuite du but. Le joueur A envoie le ballon sur le parcours du joueur B qui le botte vers le but, en tentant de frapper vivement le ballon en direction du coin inférieur. Il faut toucher le ballon avec le cou-de-pied, garder la tête baissée et le corps courbé vers le ballon au moment d'établir le contact.

Exercice 31
PROGRESSION

Objectif : S'exercer au lancer à longue distance
Joueurs : 6
Niveaux : Intermédiaire, avancé
Équipement : Cônes de repère, 10 ballons, 1 but réglementaire

Disposez des cônes au centre du terrain à 18, 23, 27, 32 et 36,5 mètres du but. Le joueur A passe le ballon à 18 mètres au joueur B qui tente ensuite d'effectuer un lancer de puissance en direction du gardien. S'il y parvient, il se rendra à 23 mètres de distance après que les quatre autres joueurs auront tenté leur chance. S'il rate son coup, il reste à 18 mètres. Pour stimuler la compétition entre les joueurs, annoncez que le gagnant sera celui qui aura marqué un but à partir du cône le plus éloigné.

CONSEILS À L'ENTRAÎNEUR

Le lancer de puissance est un bon exercice à la fin d'une séance d'entraînement. Alignez tous les joueurs sur la ligne de surface de réparation et demandez-leur de lancer tour à tour le ballon dans le but (l'un des joueurs passe le ballon à partir du pourtour de la surface de réparation).

Le tir de précision

EXERCICE 32
LE COUP COCHÉ

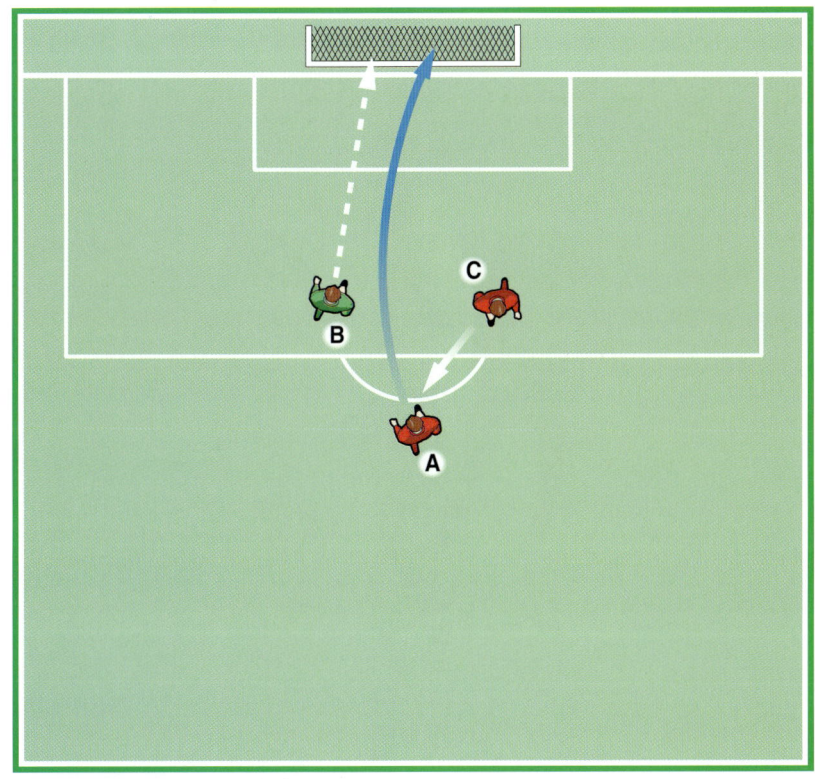

Objectif : S'exercer aux techniques du coup coché
Joueurs : 3
Niveaux : Débutant, intermédiaire, avancé
Équipement : Cônes de repère, 3 ballons

Le coup coché est assurément le mouvement le plus gracieux qui permette de marquer un but (voir l'exercice d'adresse 26). Le ballon qui décrit un arc dans les airs au-dessus du gardien et qui tombe sous la barre transversale offre un spectacle magnifique, d'autant plus qu'il est très difficile d'y parvenir, qu'on s'y risque rarement, même au cours des matchs professionnels.

Deux joueurs s'y exercent simplement en se renvoyant le ballon selon une distance qui grandit entre chaque coup. Voici toutefois quelques variantes qui rendront l'exercice plus stimulant.

Délimitez un rectangle de 18 mètres sur 9. Les joueurs A et B se tiennent chacun sur une ligne de fond, alors que le joueur C se place au centre. En prenant soin de conserver le ballon à l'intérieur du périmètre, les joueurs A et B se renvoient le ballon en lui imprimant un coup coché pour qu'il passe au-dessus du joueur C. Si ce dernier parvient à toucher le ballon (il ne peut ni avancer ni reculer), les joueurs changent de position.

Exercice 32
PROGRESSION

Objectif : S'exercer aux techniques du coup coché
Joueurs : 3
Niveaux : Intermédiaire, avancé
Équipement : 1 but réglementaire, 5 ballons

Le joueur A se place au centre du terrain à 23 mètres de distance du but. Le joueur B, un gardien, et le joueur C, un serveur, prennent position sur la ligne de surface de réparation. Le joueur C passe le ballon au joueur A, alors que le joueur B (le gardien) se met à courir en direction de la ligne de but. Le joueur A doit cocher le ballon dans le filet avant que le joueur B ait le temps de l'atteindre.

Exercice d'adresse   26

Posez votre pied de soutien à côté du ballon comme si vous vous apprêtiez à lui donner un coup latéral ou à le chasser, mais penchez-vous devant comme si vous vous teniez au-dessus du ballon. Amenez votre pied de frappe en un bref mouvement vif dans la zone située entre le sol et le ballon, soulevez le bord du ballon de manière à lui imprimer un effet de rétro. Le ballon doit cocher dans les airs. Le gardien aura plus de mal à intercepter le ballon à cause de l'effet de rétro.

Le tir de précision

EXERCICE 33
LES COUPS DE RÉPARATION

Objectif : S'exercer aux différents coups de réparation
Joueurs : De 6 à 8
Niveaux : Débutant, intermédiaire, avancé
Équipement : 1 but réglementaire, 5 ballons

Chacun des membres de l'équipe doit s'exercer aux coups de réparation, non pas seulement le joueur désigné à cet effet. Aussi, les coups depuis le point de penalty doivent figurer au programme d'entraînement. Au pis aller, vous améliorerez vos tirs de précision et la mobilité du gardien s'en trouvera accrue.

Organisez un match décisif entre six à huit joueurs. Lorsque l'un d'eux rate son coup de réparation (ou si le gardien l'intercepte), il est aussitôt éliminé et doit jogger autour du terrain en guise de punition. Le gagnant est le dernier joueur sur le terrain. Celui qui remporte souvent cette compétition devrait être le lanceur de réparation désigné au cours des matchs.

Exercice d'adresse 27

Marquer un coup de réparation pendant un match demande autant de confiance, de sang-froid et de concentration que de technique. Toutefois, il y a plusieurs manières de frapper le ballon. Certains joueurs le chassent au but avec toute la force dont ils sont capables et misent sur sa vitesse pour battre le gardien. D'autres le dirigent dans un coin avec la face interne du pied en sachant que, s'ils visent avec justesse, le gardien ne pourra l'atteindre même s'il plonge la tête la première. Une autre solution s'offre à vous ; si vous voyez que le gardien s'apprête à plonger d'un côté ou de l'autre, frappez le ballon droit au centre du but.

Le tir de précision

EXERCICE 34
UN COUP DE RÉPARATION PRÉCIS

Objectifs : Enseigner et s'exercer à des coups de réparation précis
Joueurs : De 6 à 8
Niveaux : Intermédiaire, avancé
Équipement : 1 but réglementaire, 2 cônes de repère, 5 ballons

Posez les deux cônes à un mètre de distance. De six à huit joueurs s'alignent et s'exercent à des lancers de réparation entre les cônes et les poteaux de but. Lorsqu'ils réussissent pratiquement à tout coup des deux côtés, enlevez les cônes, placez un gardien devant le but et les joueurs se remettent à viser au même endroit que précédemment. Ils doivent viser juste pratiquement à chaque lancer.

◀ L'ancien joueur de l'équipe d'Angleterre Keith Curle ne commet aucune erreur.

Le tir de précision

chapitre cinq

LA COURSE AVEC LE BALLON

Rien ne suscite autant l'enthousiasme que la vue d'un joueur qui s'empare du ballon dans un mouvement défensif, qui dribble afin d'éviter un défenseur et qui effectue un croisé ou un tir au but.

Si on dribble moins à présent qu'autrefois (les joueurs ont appris au fil du temps que les mouvements de passe ont plus de chance de réussite), il s'agit encore d'une action importante dans le répertoire des joueurs, notamment des gardiens de but. Précisons d'emblée qu'il n'est pas indiqué de dribbler trop souvent. Rien n'est aussi frustrant qu'un joueur qui dribble sans cesse et ne fait jamais de passe mais, si on l'emploie avec modération, le dribble est une brillante tactique pour déjouer les mouvements défensifs les plus serrés.

Le dribble est l'action de courir en poussant le ballon devant soi à l'aide du pied, en le regardant à l'occasion, afin de contourner un adversaire. Différentes astuces sont ici mises à contribution : la feinte classique par laquelle un joueur fait mine de se diriger dans une direction puis court dans l'autre ; le petit pont, qui consiste à faire passer le ballon entre les jambes d'un adversaire et à aller le récupérer derrière lui ; le rond de pied, qui est de rouler le ballon sous le pied avant de le dégager dans une autre direction ; ou encore la passe et le sprint dans le but de courir plus vite que l'adversaire.

Certains joueurs dribblent presque exclusivement d'un seul pied, mais les dribbleurs les plus habiles utilisent leurs deux pieds. Le dribble se maîtrise à force de pratique ; il en faut beaucoup avant de pouvoir franchir la ligne adverse sans que le ballon soit bloqué.

JUNINHO

Ce que la star brésilienne de milieu de terrain Juninho ne possède pas en taille et en force est avantageusement compensé par son adresse au dribble. Il est capable de contrôler le ballon de son pied en courant à vive allure, de modifier sans cesse sa vitesse et sa direction, de feindre devant les joueurs adverses par de subtils mouvements des jambes et du tronc supérieur, et ainsi d'effectuer des montées époustouflantes sur le terrain. Son agilité lui permet parfois de déjouer trois ou quatre adversaires à la fois, de les mettre hors jeu en une fraction de seconde et de tirer soudain du néant une possibilité offensive.

EXERCICE 35
JOGGER AVEC LE BALLON

Objectif : Acquérir les techniques du dribble
Joueur : 1
Niveaux : Débutant, intermédiaire
Équipement : 1 ballon

Vous devez contrôler le ballon en courant sans avoir à y penser, à la manière d'un réflexe. Le dribble est le meilleur moyen d'y parvenir. Il s'agit d'un exercice que vous pouvez faire au cours de votre entraînement ou pendant celui de l'équipe.

Il suffit de courir en poussant le ballon de votre pied, tant avec la face interne qu'externe, afin de le contrôler. Au début, ne quittez pas le ballon des yeux mais, à mesure que vous acquerrez davantage de confiance, vous devriez regarder de temps à autre autour de vous afin de repérer un coéquipier à qui passer le ballon ou une zone libre où tirer.

Vous devriez également faire l'exercice en modifiant parfois votre vitesse, initier un sprint à l'occasion, changer de direction en poussant le ballon avec la face externe du pied vers l'endroit où vous souhaitez vous rendre — autrement dit, avec la face extérieure du pied gauche si vous vous déplacez vers la gauche et vice versa, et suivez ensuite la trajectoire du ballon. Plus vous vous exercerez à ce mouvement, plus vous serez sûr de vous dans le feu de l'action.

La course avec le ballon

EXERCICE 36
LE SLALOM ENTRE LES CÔNES

Objectif : Acquérir et s'exercer aux techniques du dribble
Joueurs : De 1 à 10
Niveaux : Débutant, intermédiaire, avancé
Équipement : Cônes de repère, 1 ballon

Voici un exercice auquel s'adonnent les joueurs professionnels afin d'améliorer leur dribble.

Disposez en ligne droite sept cônes à deux mètres l'un de l'autre. Le joueur A doit dribbler entre les cônes, tourner et revenir en dribblant ; il doit diriger le ballon en utilisant en alternance la face interne et la face externe de son pied. Lorsqu'il a terminé, un autre joueur le remplace.

Exercice 36
PROGRESSION A
Objectif : Améliorer le dribble
Joueurs : De 1 à 10
Niveaux : Intermédiaire, avancé
Équipement : Cônes de repère, 1 ballon, 1 chronomètre

Chronométrez la performance de chaque joueur pour l'encourager à améliorer sa marque à chaque passage.

Exercice 36
PROGRESSION B
Objectif : Parfaire la technique du dribble
Joueurs : De 1 à 10
Niveaux : Intermédiaire, avancé
Équipement : Cônes de repère, 1 ballon

Ramenez la distance entre les cônes à 1,5 mètre puis à 90 centimètres pour que l'exercice soit plus exigeant.

Exercice 36
PROGRESSION C
Objectif : Favoriser la vitesse et la précision du dribble
Joueurs : De 2 à 20
Niveaux : Intermédiaire, avancé
Équipement : Cônes de repère, 1 ballon

Disposez les cônes selon deux ou trois lignes parallèles (variez la distance entre chacun en fonction de l'habileté des participants). Il s'agit d'une épreuve de vitesse entre les dribbleurs. N'oubliez pas d'allier la précision à la vitesse ; si le ballon touche plus d'un cône, le participant doit retourner à la ligne de départ et recommencer. Cet exercice peut prendre la forme d'une course de relais qui opposerait deux équipes ou plus et à laquelle participe chacun des joueurs.

Exercice 36
PROGRESSION D
Objectif : Dribbler avec vitesse lors d'un match simulé
Joueurs : De 1 à 10
Niveaux : Intermédiaire, avancé
Équipement : Cônes de repère, 10 ballons, 1 but réglementaire

Disposez les cônes en une ligne se terminant à 23 mètres du but. Après avoir slalomé entre les cônes, chacun des dribbleurs tire au but. On peut tenir l'exercice avec ou sans gardien de but. Sa présence rend la simulation plus réaliste, teste l'adresse des joueurs au lancer après une course épuisante et rend l'exercice plus stimulant pour les participants.

La course avec le ballon

EXERCICE 37
LE DRIBBLE DE VITESSE

Objectif : S'exercer à courir vite avec le ballon
Joueurs : 4
Niveaux : Débutant, intermédiaire, avancé
Équipement : La moitié d'un terrain réglementaire, cônes de repère, 4 ballons

Alignez quatre joueurs sur la ligne de but, posez un cône devant chacun sur la ligne médiane. Les participants doivent dribbler en direction du centre, contourner le cône et revenir à la ligne de but le plus vite possible. Le premier à franchir la ligne de but est le gagnant.

La star étatsunienne Mia Hamm accélère sa montée. ▶

Exercice 37
PROGRESSION A

Objectif : Acquérir la base du dribble de vitesse
Joueurs : De 2 à 11
Niveaux : Débutant, intermédiaire, avancé
Équipement : La moitié d'un terrain réglementaire, 1 but réglementaire, cônes de repère, 4 ballons

Il s'agit essentiellement de l'exercice de base, sauf que les joueurs courent tour à tour, dribblent jusqu'au cône afin de le contourner, reviennent à leur point de départ et lancent le ballon en direction du but occupé par un gardien.

Exercice 37
PROGRESSION B

Objectif : Parfaire la technique du dribble de vitesse
Joueurs : De 3 à 11
Niveau : Avancé
Équipement : La moitié d'un terrain réglementaire, 1 but réglementaire, cônes de repère, 4 ballons

Ajoutez un joueur de défense que les dribbleurs devront contourner avant de lancer le ballon au but. Notez la marque de chaque joueur pour stimuler la compétition.

La course avec le ballon

Exercices d'adresse 28

Voici quelques trucs auxquels ont recours les dribbleurs pour passer outre au joueur défensif.

La passe et le sprint
Il vaut mieux effectuer ce mouvement avec rapidité. Face à un défenseur, vous dirigez le ballon à sa droite, vous le contournez au pas de course et vous reprenez le ballon derrière lui.

La passe feinte
Face à un défenseur, vous faites porter votre poids sur votre pied gauche et vous feignez de passer le ballon à sa droite avec la face interne de votre pied droit. Il importe que vous portiez votre poids sur la plante du pied pour profiter d'une plus vive agilité. Si vous voyez que le défenseur réagit à votre feinte, poussez plutôt le ballon avec la face externe de votre pied droit à sa gauche et courez à la poursuite du ballon à l'intérieur de la zone ainsi dégagée.

Le rond de pied
Il est préférable d'exécuter ce mouvement assez lentement. Un défenseur se trouve devant vous. Vous feignez une passe à gauche en remuant votre cou-de-pied droit en direction du ballon et vous portez votre poids sur votre pied gauche. Plutôt que de lancer à droite, passez le pied au-dessus du ballon et poussez-le à droite dans les airs, derrière le défenseur, à l'aide de la face externe de votre pied droit. Si le défenseur se laisse duper, il se retrouvera décontenancé, son poids sur le mauvais pied, et vous pourrez le contourner pour courir dans l'autre direction.

Le virage Cruyff
Le joueur de centre hollandais Johan Cruyff, que la majorité des entraîneurs considéraient comme le meilleur joueur du monde au milieu des années 1970, a rendu ce virage célèbre. Feignez de lancer ou de croiser avec la face interne du pied droit en portant votre poids sur le pied gauche. Plutôt que d'effectuer le mouvement, amenez le ballon à l'aide de l'orteil derrière le pied gauche et portez votre poids sur le pied droit. Ce truc est encore employé par les joueurs hollandais, Dennis Bergkamp entre autres.

Le petit pont
Ce truc est utile lorsqu'un défenseur se tient droit devant vous. Poussez le ballon entre ses jambes et courez le récupérer derrière lui.

▲ Le joueur italien Roberto Baggio a plus d'un tour dans son sac.

▲ Le Brésilien Ronaldo évalue les choix qui s'offrent à lui.

▲ Mark Keller de l'England's West Ham dans le feu de l'action.

▲ Paul Telfer de l'England's Coventry City démontre son adresse.

La course avec le ballon

EXERCICE 38
IMPROVISATION LIBRE

Objectif : Acquérir et exercer le sens de l'improvisation en dribblant
Joueurs : De 2 à 10
Niveaux : Intermédiaire, avancé
Équipement : 1 ballon

Le joueur A passe le ballon au joueur B qui se trouve à 14 mètres devant lui. Le joueur B contrôle le ballon et court vers le joueur A, lequel lui lance : « Impro libre ! » lorsqu'il se retrouve devant lui. Le joueur B improvise un mouvement (voir les exercices d'adresse 28 à la page 79) afin de contourner et de dépasser le joueur A. Le joueur A ne doit pas déposséder le joueur B du ballon. Ensuite, ils changent de rôle.

Exercice 38
PROGRESSION A
Objectif : Improviser en dribblant sous pression
Joueurs : 2
Niveaux : Intermédiaire, avancé
Équipement : 1 ballon

Après un exercice sans défi, le joueur A essaie de tacler le joueur B lorsqu'il tente sa ruse.

Exercice 38
PROGRESSION B
Objectif : Improviser en dribblant et tirer au but
Joueurs : 2
Niveaux : Intermédiaire, avancé
Équipement : 2 cônes de repère, 1 ballon

Le joueur B doit contourner le joueur A et expédier le ballon dans un but sans défense, délimité par deux cônes posés à 2 mètres l'un de l'autre, à 14 mètres derrière le joueur A.

Exercice 38
PROGRESSION C
Objectif : Parfaire les ruses du dribble sous pression
Joueurs : 3
Niveaux : Intermédiaire, avancé
Équipement : 1 ballon, 1 but réglementaire

Il s'agit de l'exercice précédent auquel on ajoute un gardien qui se trouve devant un but réglementaire à 23 mètres derrière le joueur A.

EXERCICE 39
EXERCICE SOUS PRESSION

Objectifs : S'exercer au dribble et tenter de dépasser un adversaire avec le ballon
Joueurs : 2
Niveaux : Intermédiaire, avancé
Équipement : Cônes de repère, 1 ballon

Délimitez une surface faisant 18 mètres sur 9. Placez deux cônes à un mètre de distance dans les angles de la zone adverse. Le joueur A reçoit le ballon du joueur B dans sa propre zone. Il court avec le ballon dans la zone de son adversaire et le joueur B tente de le tacler. Le joueur A cherche à s'éloigner de l'adversaire en dribblant soit vers la gauche, soit vers la droite et, s'il y parvient, il envoie le ballon dans l'angle du but.

La course avec le ballon

EXERCICE 40
DÉJOUER UN JOUEUR

Objectif : S'exercer au dribble et au tacle
Joueurs : 2
Niveaux : Intermédiaire, avancé
Équipement : Cônes de repère, 1 ballon

Cet exercice allie le dribble et le tacle. Il s'agit d'un mouvement très exigeant sur le plan physique car il faut courir sans arrêt ; aussi faut-il s'y exercer pendant trois minutes après quoi on intervertit les rôles.

À l'aide des cônes, délimitez un périmètre faisant 18 mètres sur 9, sur les lignes de fond duquel vous établirez, avec des cônes, deux petits buts distants de 2 mètres.

Le joueur A s'élance de son but le ballon à ses pieds. Son objectif consiste à dépasser le joueur B en dribblant, grâce à toutes les astuces qu'il peut trouver, et à lancer le ballon entre les cônes.

Le joueur B s'élance de son but et cherche à s'emparer du ballon pour marquer un but à son tour.

Exercice 40
PROGRESSION
Objectif : Améliorer son dribble
Joueurs : 2
Niveau : Avancé
Équipement : Cônes de repère, 1 ballon

Pour déjouer l'adversaire, l'adresse consiste en grande partie à l'engager à un tacle pour ensuite le déposséder du ballon. Le joueur d'attaque doit tâcher de persuader son adversaire de s'emparer du ballon pour l'obliger à un tacle tout en conservant la maîtrise du jeu.

Refaites l'exercice de base mais conseillez à l'attaquant de laisser le ballon s'éloigner davantage de son pied (tout en le contenant) pour tenter d'engager son adversaire. Aussitôt qu'il aura raté le tacle, le joueur défensif sera hors jeu et le joueur avant disposera d'une zone d'attaque.

▼ John Oster, de l'équipe de Sunderland, s'attaque à son opposant au cours d'un match de la Ligue anglaise.

chapitre six

LE LANCER BLOQUÉ

Derrière chaque équipe sensationnelle, on trouve un gardien de but sensationnel. Les gardiens de but ont une réputation de mauvais garçons mais, sous plusieurs angles, ils sont les joueurs les plus importants sur le terrain. Le sort d'une équipe repose pour une bonne part sur l'adresse du gardien de but. Il ne faut pas sous-estimer l'importance de ce dernier quant à l'éventualité d'un match. Ses coéquipiers doivent compter sur lui et pas seulement afin d'inverser au dernier instant une situation désespérée ; un gardien de but calme, qui sait prendre des décisions en une fraction de seconde, qui sait botter et manier le ballon sans bavure, transmettra à son équipe un sentiment de confiance et de sécurité.

Dans la version actuelle du jeu, depuis l'entrée en vigueur du règlement sur la passe arrière, le gardien de but est devenu le dernier joueur de champ extérieur et le dernier sur la ligne de défense. Pour être en mesure de tenir ce rôle pivot pendant toute la durée d'un match, il doit déployer beaucoup d'adresse à laquelle nul ne peut parvenir sans un entraînement intensif et exigeant.

Le rôle du gardien de but est le plus spécialisé d'entre tous. Voilà pourquoi un gardien doit s'entraîner autant, voire davantage, que les autres joueurs.

David Seaman

David Seaman, l'étoile anglaise, n'est peut-être pas éblouissant devant les buts — vous ne le verrez jamais charger droit devant pour intercepter un corner au dernier moment ou dribbler à la périphérie de la ligne de but —, mais c'est exactement ce pourquoi ses coéquipiers l'apprécient. Ils savent qu'il saura réagir devant un croisé qui s'approche de la surface de but, qu'il ne craint pas de s'éloigner de sa ligne pour botter le ballon et que, si les dernières secondes d'un match sont décisives pour déterminer qui l'emportera, il n'hésitera pas à défier la loi de la pesanteur pour assurer à son équipe le point gagnant.

EXERCICE 41
INTERCEPTION DES CROISÉS

Objectif : S'exercer au saut et à l'interception des corners et des croisés
Joueurs : 2
Niveaux : Débutant, intermédiaire, avancé
Équipement : 1 but réglementaire, 1 ballon

Un gardien de but doit posséder l'assurance nécessaire pour s'éloigner de sa ligne et intercepter les lancers croisés à l'intérieur d'une surface de réparation bondée.

Devant le gardien seul, le joueur A effectue un croisé à l'intérieur de la surface de réparation à partir du drapeau de coin. Le gardien doit se tenir au fond du but, à un mètre ou deux de sa ligne. Il doit s'efforcer d'intercepter le ballon le plus haut possible car, en raison de la hauteur à laquelle il projette les bras, aucun attaquant ne pourra sauter plus haut que lui.

Le gardien doit toujours être vigilant et, au moment où le ballon s'approche de la surface de but, il doit s'élancer du fond du but et bondir avec force ressort dans sa direction. Il doit apprendre à attaquer le ballon de façon résolue, allonger les bras en vol pour le saisir, l'agripper fermement et le tenir contre son corps.

Exercice d'adresse 29

Lorsque vous interceptez le ballon au-dessus de votre tête, devant votre visage, ou sur le côté (en provenance d'un tir ou d'un croisé), vos mains doivent former un *W* pour vous assurer de le saisir fermement. Ainsi, vous pourrez empêcher le ballon de vous filer entre les doigts et vous le tiendrez solidement.

Le lancer bloqué

EXERCICE 42
INTERCEPTION DES CROISÉS SOUS PRESSION

Objectif : S'exercer à l'interception des croisés dans une surface de réparation bondée
Joueurs : De 3 à 18
Niveaux : Débutant, intermédiaire, avancé
Équipement : 1 but réglementaire, 5 ballons

Intercepter des lancers croisés à l'intérieur d'une surface de réparation vide est une chose, mais le faire lorsqu'elle est bondée, notamment d'attaquants de grande taille qui cherchent à s'emparer du ballon, en est une autre.

Pour cet exercice, le joueur A lance des croisés en direction du gardien (le joueur B), alors qu'un attaquant (le joueur C) tente de s'emparer du ballon. Malgré la présence d'un adversaire qui cherche à prendre possession du ballon, le joueur B, fort de la portée de son mouvement, doit toujours parvenir à l'intercepter.

Ajoutez graduellement à la difficulté en introduisant davantage d'attaquants et de défenseurs jusqu'à ce que la surface de réparation soit bondée. Le gardien doit crier qu'il s'apprête à l'interception, de sorte que les défenseurs sachent ce qu'il en est, et ne doit jamais quitter le ballon des yeux. Ici, la réussite tient à l'assurance et au caractère positif du gardien.

Le lancer bloqué

EXERCICE 43
LE DÉGAGEMENT AU POING

Objectif : S'exercer à dégager le ballon lorsqu'il est impossible de l'intercepter
Joueurs : 6
Niveaux : Intermédiaire, avancé
Équipement : 1 but réglementaire, 5 ballons

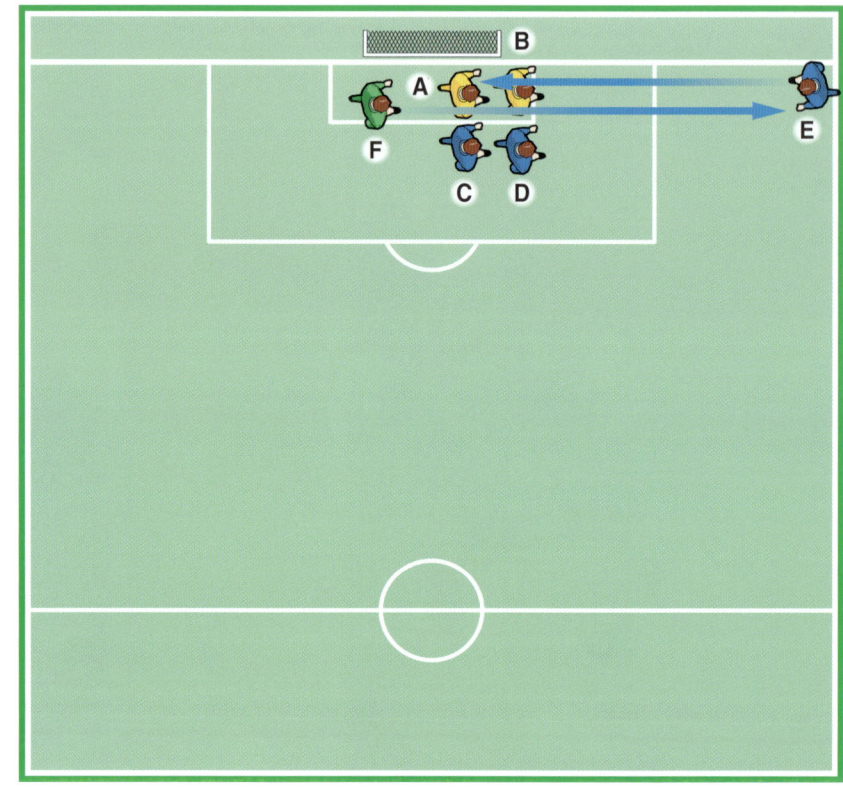

Parfois, lorsque la surface de réparation est vraiment bondée et que le gardien n'a aucune chance de prendre possession du ballon, il est préférable de le dégager au poing plutôt que de l'attraper.

Deux défenseurs (les joueurs A et B) et deux attaquants (les joueurs C et D) doivent prendre place autour du premier poteau. Le joueur E doit lancer le ballon en croisé dans leur direction à partir du drapeau de coin. Étant donné que le gardien (le joueur F) ne peut se déplacer car les autres forment un mur devant lui, il doit s'élancer dans les airs afin d'atteindre le ballon le plus haut possible et le dégager d'un coup de poing.

Le gardien doit décider si le dégagement doit se faire à l'aide d'un poing ou des deux. Le dégagement avec les deux poings est souvent le plus sûr car on établit un contact avec une plus grande surface du ballon ; par contre, le dégagement d'un seul poing assure une meilleure portée.

Exercice d'adresse 30

Pour assurer un contrôle maximal, le coup de poing doit être bref et précis. Pour ce faire, vous devez ramener le bras derrière de 15 à 30 centimètres (le cas échéant, il devrait s'agir de votre bras le plus puissant en autant que rien n'obstrue la portée du geste) et donner au ballon un coup fort et ferme avec les phalanges de votre poing. Si votre élan est mal canalisé, vous n'aurez aucun contrôle sur le ballon qui pourra rebondir n'importe où.

▶ Mattias Asper, le gardien de but d'AIK Solna, subit la pression des attaquants de l'Arsenal.

EXERCICE 44
LA RELANCE AU PIED

Exercice d'adresse 31

Lorsque vous relancez le ballon sous pression, il faut vous souvenir d'établir un contact solide avec sa surface afin de le rediriger loin de la zone dangereuse. Si le ballon arrive à grande vitesse ou à une hauteur peu propice à la relance au pied, il vaudra peut-être mieux le botter de côté avec la face interne du pied pour favoriser un meilleur contrôle et vous assurer d'un contact plus sûr. Si un attaquant s'approche dangereusement de vous, il sera peut-être préférable de botter le ballon loin du but plutôt que de le relancer droit devant et de le voir ricocher sur votre adversaire. Ayez toujours les yeux sur le ballon et la tête ferme, et faites en sorte que votre position et l'écart entre vos jambes vous assurent d'une base stable à partir de laquelle donner un coup solide.

Objectif : S'exercer à dégager le ballon en zone sûre à partir d'une passe arrière
Joueurs : 2
Niveaux : Débutant, intermédiaire, avancé
Équipement : 1 but réglementaire, 1 ballon

David Seaman de l'équipe d'Angleterre ▶ relance le ballon en zone sûre.

Les défenseurs doivent pouvoir compter sur leur gardien de but quand il s'agit de capter une passe arrière avec ses pieds. En plus de prendre part aux séances d'entraînement à cinq contre cinq et aux matchs réglementaires afin de s'exercer au contrôle du ballon, les gardiens doivent pratiquer leur botté lors de chaque séance d'entraînement.

À l'extrémité de la surface de réparation, le joueur A doit botter le ballon en direction du gardien qui doit le dégager du premier coup à l'autre bout du terrain. Le gardien doit s'entraîner à botter le ballon avec force pour qu'il acquière de la hauteur et qu'il pénètre le plus profondément possible dans la zone adverse. Le joueur A peut lui lancer le ballon au sol, parfois à la taille, d'autres fois encore le faire bondir devant le gardien pour qu'il s'exerce à affronter tous les types de lancers.

Exercice 44
PROGRESSION A
Objectif : S'exercer à relancer le ballon en zone sûre sous pression
Joueurs : 3 ou 4
Niveaux : Intermédiaire, avancé
Équipement : 1 ballon

Exercice 44
PROGRESSION B
Objectif : Consolider son adresse pour le dégagement
Joueurs : 3
Niveaux : Intermédiaire, avancé
Équipement : 1 ballon

Ici, la préparation est identique à celle de l'exercice de base, sauf que un ou deux joueurs adverses courent en direction du gardien pour le talonner alors qu'il cherche à capter le ballon.

Le joueur A contrôle le ballon devant la surface de but et, aussitôt le coup parti, le joueur B (qui peut partir n'importe où derrière le ballon) s'élance en direction du gardien. Ici encore, le ballon doit être lancé selon des angles, hauteurs et vitesses qui varient.

Un défenseur (le joueur A) envoie le ballon au gardien alors qu'il est poursuivi par le joueur B, un avant de l'équipe adverse. Alors que B poursuit sa course, le joueur A doit dévier de sa trajectoire en largeur pour former un angle par rapport au gardien et lui donner la possibilité de lui refiler le ballon plutôt que de devoir le botter au loin. Il s'agit d'un excellent moyen de conserver la possession du ballon dans une situation difficile.

John Filan, le gardien des Blackburn ▼ Rovers, vise la distance.

EXERCICE 45
LE PARTAGE DU BALLON

Objectif : S'exercer à repérer rapidement ses coéquipiers pour des relances précises
Joueurs : De 4 à 7
Niveaux : Débutant, intermédiaire, avancé
Équipement : 1 but réglementaire, 5 ballons

Le gardien est un joueur défensif mais, lorsqu'il effectue des passes rapides et pertinentes, il peut souvent s'avérer un joueur d'attaque.

Pour cet exercice, les joueurs A, B et C prennent place sur l'arc de cercle de la surface de réparation. Le joueur A lance le ballon vers le but et le gardien essaie de le capter. S'il y parvient, les joueurs B et C se déploient aussitôt pour être en mesure de recevoir un lancer ou un botté du gardien. Certains joueurs peuvent se déployer en largeur en dehors de la zone, d'autres remonter le terrain, en fonction du nombre de ceux qui participent à l'exercice. Sans tarder, le gardien doit repérer un coéquipier à qui passer le ballon d'un botté (à la volée ou demi-volée) ou d'un lancer (par en dessus pour la précision sur une longue distance ou par en dessous pour la précision sur une courte distance).

Cet exercice est excellent pour préparer les joueurs de champ extérieur à se mettre en position dès lors que leur gardien a le ballon en sa possession. En général, un attaquant a plus de facilité à contrôler un lancer et, s'il est bien exécuté, l'équipe du gardien conservera presque assurément le ballon. Toutefois, pour contre-attaquer rapidement lorsque la défense adverse n'est pas en place, il vaut mieux opter pour un botté en longueur au milieu du terrain. Dans un exercice, vous pouvez reproduire chacune de ces tactiques pour enseigner au gardien à passer le ballon au joueur indiqué en temps opportun.

▼ Tony Bullock, de l'équipe de Barnsley (Angleterre), met le ballon en mouvement.

Le lancer bloqué

EXERCICE 46
L'AGILITÉ

Objectif : Acquérir davantage d'agilité et la conserver
Joueurs : De 1 à 22
Niveaux : Débutant, intermédiaire, avancé
Équipement : 40 cônes de repère

Un gardien de but doit toujours être vigilant et fin prêt à réagir. Il doit absolument se mouvoir en tout temps le long de sa ligne et à l'intérieur de la surface de réparation, surveiller le ballon et être toujours prêt à intervenir, quelle que soit la situation.

Disposez 20 cônes en ligne à 30 centimètres l'un de l'autre ; disposez les 20 autres en une autre ligne parallèle mais quelque peu décalée par rapport à la première. Les joueurs (cet exercice est indiqué pour tous les joueurs, pas seulement le gardien) doivent courir le long de la ligne en posant le pied entre les cônes. Pour y parvenir, ils doivent se mouvoir très rapidement et être vigilants.

> **CONSEIL POUR L'ENTRAÎNEUR**
> Ajoutez une dimension compétitive à l'exercice. Disposez encore deux lignes de cônes et deux équipes feront une course à relais. Il s'agit d'un excellent moyen de s'assurer que les joueurs remuent les pieds le plus vite possible. Un joueur qui déplace un cône doit retourner au point de départ et reprendre la course.

Le lancer bloqué

EXERCICE 47
ÉCHAUFFEMENT EN PRÉVISION DE L'INTERCEPTION

Objectif : Parfaire son adresse pour l'interception
Joueurs : 2
Niveaux : Débutant, intermédiaire, avancé
Équipement : 1 ballon, 1 but réglementaire

Rien n'est plus décourageant pour un défenseur qui a mené une chaude lutte que de voir son gardien laisser échapper un tir ou un croisé relativement simple, grâce à quoi l'attaquant de l'équipe adverse peut marquer facilement un point. Pour éviter cela, le gardien doit sans cesse s'exercer à l'interception du ballon.

De sept mètres de distance, le joueur A botte le ballon en direction du gardien placé devant le but. Le joueur A doit d'abord lui envoyer des passes qu'il peut capter facilement, puis ajouter peu à peu à la difficulté. Ils doivent accomplir cet exercice au début des séances d'entraînement et, surtout, avant les matchs pour que le gardien retrouve son rôle.

Le lancer bloqué

EXERCICE 48
INTERCEPTION AU SOL

Objectif : Parfaire et conserver son agilité pour l'interception
Joueurs : 2
Niveaux : Intermédiaire, avancé
Équipement : 1 ballon

Le gardien est étendu au sol le ballon entre les mains, le dos un peu redressé. Il lance le ballon au joueur A qui se trouve devant lui et, simultanément, il fait un redressement assis. Le joueur A lui relance le ballon à la bonne hauteur pour qu'il puisse le capter, mais au-dessus de sa tête, à sa droite ou à sa gauche. Le gardien l'attrape, le relance et se redresse pour l'intercepter de nouveau.

Exercice d'adresse 32

Ce sont deux choses différentes que d'intercepter le ballon et de le retenir, surtout lorsque des attaquants désireux de marquer rôdent autour. Après avoir intercepté le ballon, le gardien doit absolument se recroqueviller pour bien le tenir. S'il est allongé au sol, il doit le couvrir de son torse et l'assujettir. S'il est debout, il le presse contre sa poitrine et se recroqueville pour le protéger.

EXERCICE 49
LES RÉFLEXES

Objectifs : Améliorer les réflexes, l'athlétisme, l'arrêt au but
Joueurs : De 2 à 6
Niveaux : Débutant, intermédiaire, avancé
Équipement : 1 mur, 5 ballons

Un gardien de but doit être solide et fiable, mais un gardien émérite se distingue par son agilité et ses réflexes au moment de l'interception. Ces réflexes sont en partie instinctifs mais un gardien doit s'exercer sans relâche pour être en mesure de capter le ballon au moment où un but semble assuré.

Le gardien prend place à quatre mètres face à un mur. Un ou plusieurs joueurs prennent place à cinq mètres derrière lui et lancent le ballon à la volée à des hauteurs et des angles différents.

Le gardien doit intercepter le ballon après qu'il a rebondi sur le mur. Étant donné qu'il lui tourne le dos, il doit juger de l'angle et de la vitesse du ballon en très peu de temps ; il doit donc réagir à la vitesse de l'éclair.

En l'absence de mur, le gardien peut prendre place dans son filet, tourner le dos aux joueurs, lesquels prennent place à neuf mètres derrière lui. Ils lancent le ballon à la volée comme pour marquer un but mais, juste avant le contact, ils crient au gardien : « Retourne-toi ! » Le gardien se retourne en bondissant sur sa ligne et n'a qu'une fraction de seconde pour réagir au lancer.

Le lancer bloqué

EXERCICE 50
BALLON AU BUT

Objectif : Parfaire et conserver les réflexes nécessaires à l'arrêt au but
Joueurs : 2
Niveaux : Intermédiaire, avancé
Équipement : 1 but réglementaire, 2 bancs d'entraînement, 5 ballons

Disposez les bancs de manière à former un angle droit au premier poteau comme si vous dessiniez une flèche qui pointerait vers la ligne de touche. Le gardien doit se trouver sur sa ligne alors qu'un joueur frappe avec force vive le ballon à faible altitude en direction des bancs. La position de ce joueur importe peu.

En fonction de l'endroit ou du banc où le ballon bondira, il ricochera soit en direction du but, soit il le traversera rapidement à la diagonale.

Chaque fois le ballon arrivera d'un angle différent et le gardien devra le capter afin d'éprouver son réflexe et d'améliorer son adresse pour l'interception, quelle que soit la provenance du ballon.

Exercice 50
PROGRESSION

Objectif : Parfaire et conserver les réflexes nécessaires à l'arrêt au but
Joueurs : 2 ou 3
Niveaux : Intermédiaire, avancé
Équipement : 1 but réglementaire, 2 bancs d'entraînement, 5 ballons

Un ou deux attaquants se placent à l'extrémité des 16 mètres, de sorte que, lorsque le ballon ricochera à l'intérieur de la surface de réparation, le gardien devra retourner devant son filet pour intercepter un lancer s'il ne peut s'emparer du ballon au premier essai.

Le lancer bloqué

EXERCICE 51
RESSERRER L'ANGLE DROIT

Objectif : S'exercer à resserrer l'angle et à intercepter le ballon
Joueurs : De 3 à 20
Niveaux : Débutant, intermédiaire, avancé
Équipement : 1 but réglementaire, 1 ballon

Le joueur A se place sur la ligne de surface de réparation le dos tourné au but. Le joueur B se place sur l'arc de cercle qui jouxte la surface de réparation.

Le joueur B lance le ballon en direction des jambes du joueur A. Dès qu'il le reçoit, ce dernier se tourne et tire le ballon au but sans tenter de le contrôler. Le gardien se trouve sur sa ligne mais, aussitôt que le joueur B envoie le ballon, il peut courir à l'extérieur afin de resserrer l'angle et rapetisser la cible en allongeant les bras et en gardant la tête haute. Dès que le gardien intercepte le ballon ou qu'un point est marqué, il doit retourner à la ligne de but et deux autres joueurs prennent le relais.

Exercice d'adresse 33

Lors d'une situation dangereuse, alors que les attaquants se trouvent à l'intérieur ou à proximité de la surface de réparation et qu'ils s'apprêtent à lancer ou lorsqu'ils peuvent viser droit au but, vous devez vous avancer et réduire leur angle de tir. Il faut vous éloigner de la ligne de but (mais pas trop, sinon le ballon pourrait voler au-dessus de votre tête) pour soustraire le plus possible le but à la vue de l'attaquant.

▲ L'angle se resserre contre l'Arsenal dans la Ligue de première division en Angleterre

Exercice d'adresse 34

Dans un face-à-face, vous devez vous dresser en obstacle entre le ballon et le filet en écartant les bras et en gardant la tête haute afin de réduire la surface de but. Assurez-vous toutefois de rester vigilant sans trop écarter les jambes, car un bon attaquant pourrait tenter de marquer un but en visant sous le pont de vos jambes.

Le lancer bloqué

EXERCICE 52
LE FACE-À-FACE

Objectif : S'exercer à resserrer l'angle et à intercepter le ballon
Joueurs : 11
Niveaux : Débutant, intermédiaire, avancé
Équipement : 1 but réglementaire, 10 ballons

Lors d'un face-à-face, si l'attaquant dispose d'une zone libre pour viser droit au but, tout gardien soucieux d'être le héros de son équipe se doit de resserrer l'angle de tir et de rester sur ses pieds le plus longtemps possible (voir l'exercice d'adresse 33 à la page 96).

Dix joueurs s'alignent à une distance de 27 à 32 mètres à l'extérieur de la surface de réparation, cinq de chaque côté du terrain. Le gardien prend position sur sa ligne.

Au son du sifflet, le joueur A court avec le ballon en direction du filet et dispose de cinq secondes pour marquer. Il peut tenter un lancer à distance ou chercher à déjouer le gardien. Aussitôt que le gardien touche le ballon, un but est marqué ou, si les cinq secondes sont écoulées, le ballon est mort et le gardien retourne à sa ligne. Dès qu'il y est, le sifflet se fait de nouveau entendre et le joueur B (de l'autre côté du terrain) essaie de marquer à son tour. Refaites l'exercice jusqu'à ce que les dix joueurs se soient succédé devant le gardien.

Le lancer bloqué

chapitre sept

LA PRÉCISION DES COUPS PRÉPARÉS

Un coup préparé est un mouvement qui a été déterminé pendant un ballon mort – une touche, un corner ou un coup franc. Lorsque deux équipes se trouvent à égalité, c'est souvent un but marqué par suite d'un coup préparé qui décidera de l'issue de la rencontre.

Le plus dangereux des coups préparés est assurément le coup franc près du but. Les joueurs qui se spécialisent dans ce type de jeu peuvent marquer une fois sur trois à l'intérieur d'une distance de 27 mètres. L'exercice consiste à déjouer le mur de la défense en imprimant au ballon une trajectoire qui le contourne ou le survole, qui le contourne en le survolant ou encore en frappant le ballon si fort que les joueurs formant le mur se dégagent pour le laisser filer. Ensuite, il lui faut vaincre le gardien.

DAVID BECKHAM

L'Anglais David Beckham s'est taillé une réputation qui fait craindre ses coups préparés dans les plus hautes sphères du soccer international. Ses corners sont incontestablement dangereux au moment où ils atterrissent dans la zone de but, ainsi que nous avons pu le constater lors de la finale de la coupe d'Europe en 1999 alors que Manchester United a marqué à deux reprises contre Bayern Munich grâce à ses reprises de jeu. Ses coups francs de l'extérieur des seize mètres, qu'ils soient délicatement courbés ou frappés avec fureur derrière le gardien, risquent fort de marquer un but.

La technique de Beckham est presque parfaite mais il admet volontiers qu'il en serait autrement s'il ne s'astreignait pas à de longues heures d'entraînement sur le terrain afin de parfaire sa méthode.

EXERCICE 53
LE CORNER AVEC ÉLAN INTÉRIEUR

Objectif : Apprendre à frapper un corner avec élan intérieur
Joueurs : 2
Niveaux : Débutant, intermédiaire, avancé
Équipement : 1 but réglementaire, des cônes de repère ou 1 drapeau de coin, 10 ballons

Un corner avec élan intérieur sème la confusion parmi la défense parce que, s'il est frappé avec précision, le gardien est peu susceptible de sortir du but pour prendre le ballon, mais il se retrouvera suffisamment près du filet pour qu'une frappe de la tête bien exécutée permette de le rediriger vers le but. Plus l'élan est vif, plus le corner est dangereux.

Une équipe a tout avantage à ce que plusieurs de ses joueurs soient en mesure d'exécuter les corners. Aussi, chacun d'eux devrait s'y exercer. Le mieux consiste à recréer une situation de jeu (avec un filet et des coins clairement tracés), à défaut de quoi vous pouvez délimiter un filet avec des cônes de repère et tracer des coins à environ 32 mètres de chaque côté du but.

Le joueur A tente d'imprimer une courbe à la trajectoire du ballon afin de contourner un cône posé à mi-chemin entre lui et le but, à cinq mètres à l'extérieur de la ligne de touche. Il doit essayer de frapper le ballon avec un élan pour qu'il contourne le cône, de sorte qu'il parvienne au point de penalty à la hauteur de la tête. Le joueur B doit être au poteau de distance afin de s'emparer du ballon et le relancer ou le diriger d'une frappe de la tête à l'arrière du filet. À mesure que le joueur devient plus adroit, on éloigne le cône du but, à raison de 30 centimètres à la fois, jusqu'à ce qu'il soit impossible de le contourner à partir d'un swing.

Exercice d'adresse   35

Si vous frappez du pied droit, vous exécuterez un corner avec swing intérieur du côté gauche (puisque vous regardez en direction du but adverse) et vice versa. Pour exécuter un swing intérieur, vous tenterez de frapper le ballon sur le côté droit. Cela imprimera un mouvement de rotation au ballon, puis une courbe extérieure, enfin une autre intérieure. Afin de favoriser ce mouvement de rotation, prenez un élan à côté du ballon (le côté gauche, de votre point de vue). Fixez le ballon des yeux et visez pour le frapper à sa base, du côté droit, à l'aide de votre cou-de-pied. Baissez la tête, penchez-vous quelque peu vers l'arrière pour propulser le ballon en hauteur et projetez-le avec votre pied de frappe.

EXERCICE 54
LE CORNER AVEC ÉLAN EXTÉRIEUR

Objectif : Apprendre à frapper un corner avec élan extérieur
Joueurs : 2
Niveaux : Débutant, intermédiaire, avancé
Équipement : 1 but réglementaire, des cônes de repère ou 1 drapeau de coin, 10 ballons

Un corner avec élan extérieur, qui se recourbe en direction opposée du gardien, peut s'avérer aussi dangereux que son équivalent intérieur. Un bon entraîneur n'ignore pas qu'une équipe en mesure d'exécuter plusieurs variantes du corner sera à craindre lorsqu'elle passera à l'offensive.

Le joueur A reprend l'exercice précédent, sauf qu'il tente de faire dévier le ballon à l'intérieur de la marque plutôt qu'à l'extérieur, pour qu'il parvienne au joueur B qui se trouve derrière le point de penalty. Déplacez peu à peu le cône de repère sur une distance de cinq mètres pour que le joueur développe son élan.

Exercice d'adresse 36

La technique nécessaire pour frapper un corner avec élan extérieur est identique à celle du corner avec élan intérieur. Si un frappeur droitier exécute un corner de la droite plutôt que la gauche, qu'il frappe le ballon ainsi qu'il est expliqué dans l'exercice d'adresse 35 (voir la page ci-contre), la courbe imprimée au ballon de la gauche est inversée — sa trajectoire se courbera vers l'extérieur, loin du gardien.

La précision des coups préparés

EXERCICE 55
L'ATTAQUE DU DEUXIÈME POTEAU

Objectif : Parfaire l'exécution du corner avec élan intérieur, la frappe de la tête et la course chronométrée
Joueurs : 5
Niveaux : Intermédiaire, avancé
Équipement : 1 but réglementaire, 10 ballons

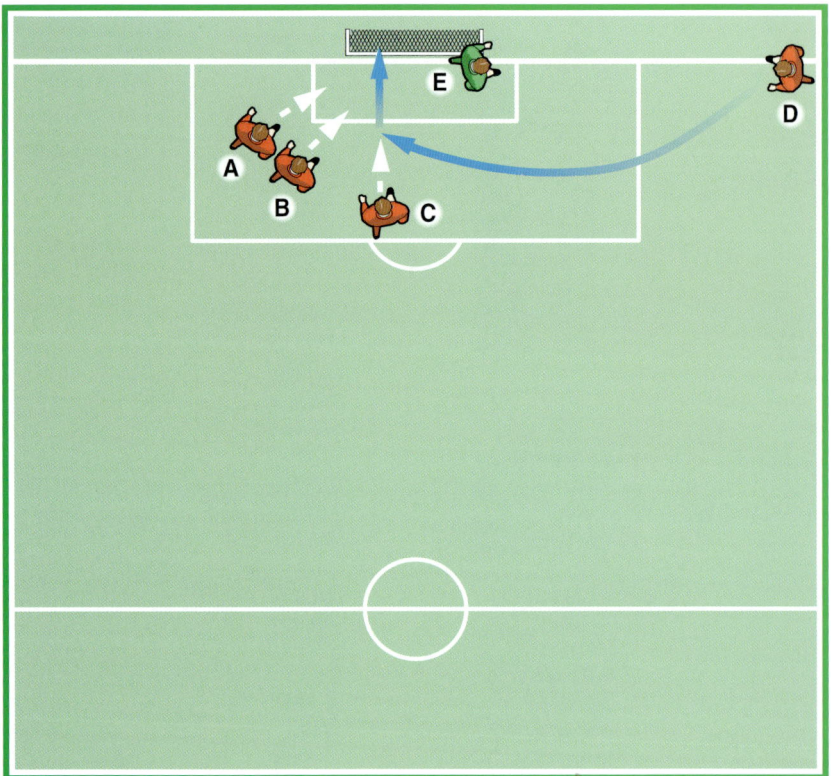

Lorsqu'un joueur maîtrise le corner avec élan intérieur, il doit aussitôt s'y exercer au cours d'un match, entouré d'attaquants prêts à frapper le ballon de la tête et d'un gardien prêt à le capter ou à le rediriger loin du filet.

Les joueurs A et B se placent sur la limite du côté éloigné de la surface de réparation alors que le joueur C prend position à cinq mètres devant la surface de but (au centre du terrain), où il demande au joueur D d'exécuter un corner. Dans un match, les trois attaquants doivent être les meilleurs frappeurs de la tête de l'équipe. Toutefois, qu'ils jouent à l'offensive ou à la défensive, tous les joueurs doivent s'exercer à ce mouvement. Un gardien (le joueur E) devrait occuper le but.

Les joueurs A, B et C doivent synchroniser leur course vers le filet de telle sorte qu'ils se mettent à courir au moment où le joueur D s'apprête à frapper son corner. Exercez-vous à ce mouvement jusqu'à ce que vous soyez capables de marquer un but d'une frappe de la tête ou d'une volée une fois sur deux.

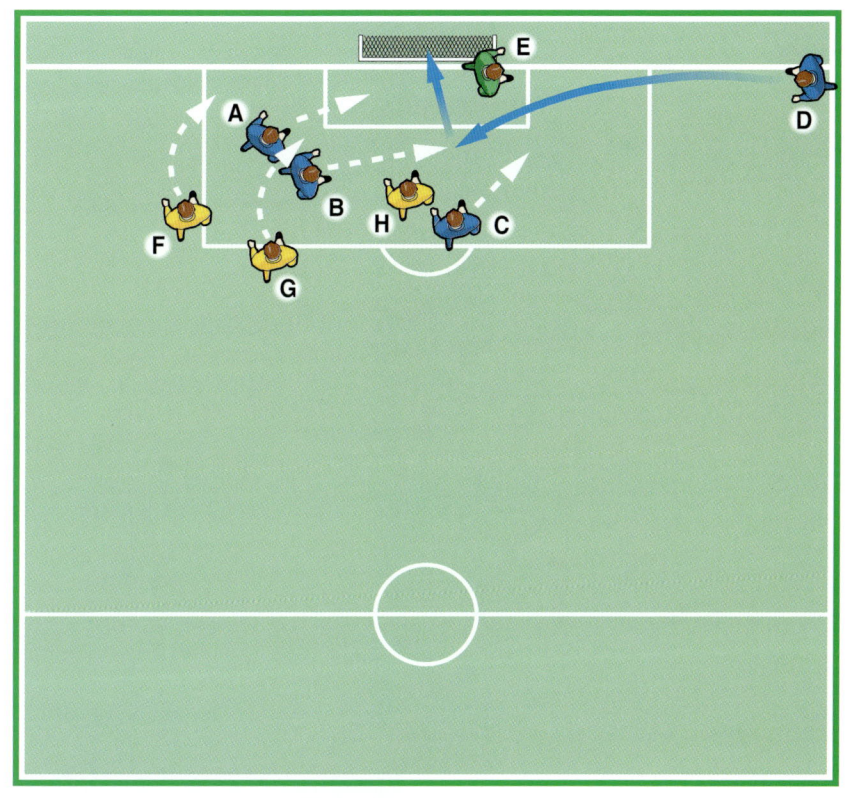

Exercice 55
PROGRESSION

Objectif : Réagir à un corner en un mouvement offensif ou défensif
Joueurs : 8
Niveaux : Intermédiaire, avancé
Équipement : 1 but réglementaire, 10 ballons

Ajoutez trois joueurs défensifs (F, G et H) sur la surface de réparation afin d'ajouter aux difficultés des attaquants. Refaites l'exercice précédent en ayant recours à l'élan extérieur. Vos corners deviendront plus dangereux à mesure que vous maîtriserez ce mouvement.

Selon David Beckham, un corner tient à sa précision ▼

EXERCICE 56
L'ATTAQUE DU PREMIER POTEAU

Objectif : Parfaire l'exécution du corner avec élan intérieur, la frappe de la tête, la volée et la course chronométrée
Joueurs : 5
Niveaux : Intermédiaire, avancé
Équipement : 1 but réglementaire, 10 ballons

Le joueur A exécute les corners avec élan intérieur en visant juste au-dessus de la tête d'un joueur de grande taille (le joueur B), lequel est placé devant le joueur de coin à cinq mètres de la ligne de touche. Cet exercice consiste pour le joueur B à renvoyer le ballon d'un coup de tête renversé dans le filet (voir l'exercice d'adresse 22 à la page 61), tandis que les joueurs C, D et E courent de la ligne de surface de réparation pour attaquer le ballon ou l'expédier au but d'une frappe de la tête ou d'une volée. La trajectoire imprévisible que prendra le ballon par suite de la frappe de la tête du joueur A procurera aux attaquants l'avantage sur les joueurs défensifs.

104   La précision des coups préparés

EXERCICE 57
LA VOLÉE INATTENDUE

Objectifs : Améliorer et s'exercer aux corners avec élan intérieur et extérieur, à la volée et à la demi-volée
Joueurs : 4
Niveau : Avancé
Équipement : 1 but réglementaire, 10 ballons

Le joueur A se place à la limite de la surface de réparation, sur le côté de l'arc de cercle le plus rapproché du joueur de coin. Les joueurs B et C prennent position comme si le corner devait être frappé en direction du deuxième poteau. Le joueur D exécute le corner pour que le ballon se dirige à faible hauteur à environ un mètre devant le joueur A, qui le redirige alors à la volée ou à la demi-volée (voir l'exercice d'adresse 6 à la page 28).

Souvent, dans un match, l'équipe adverse ne considérera pas le joueur A comme une menace et il sera peu surveillé. Le cas échéant, les joueurs peuvent recourir au mouvement de cet exercice pour tenter de marquer un but à partir d'une volée inattendue.

◄ Dwight Yorke démontre une adresse peu commune pour lancer le ballon.

EXERCICE 58
LA COURSE FACTICE

Objectif : S'exercer à marquer d'un coin en frappant de la tête
Joueurs : 4
Niveaux : Intermédiaire, avancé
Équipement : 1 but réglementaire, 1 ballon

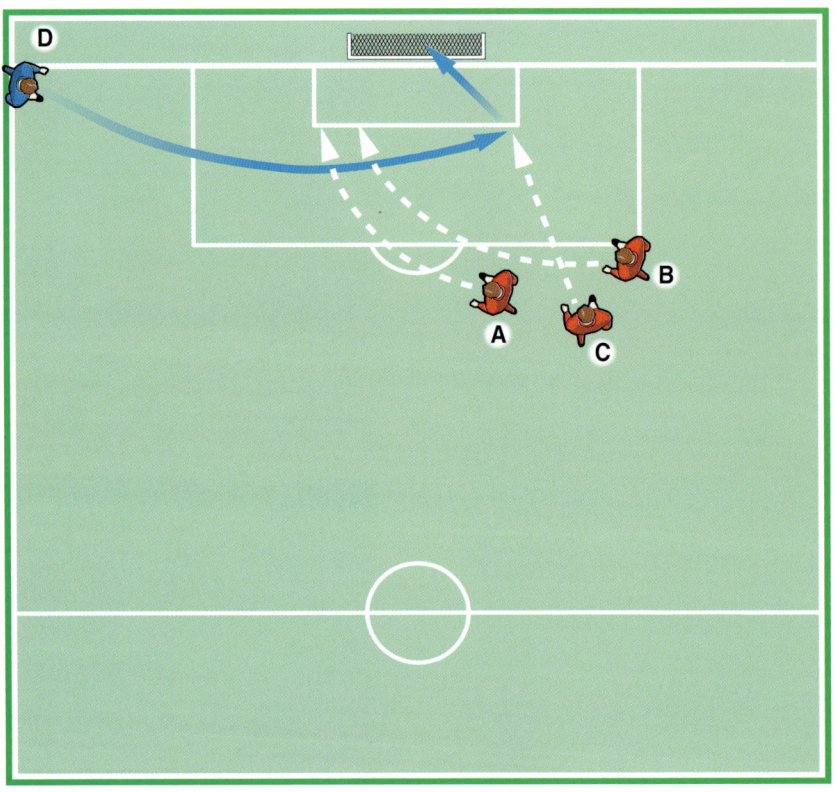

Deux joueurs de grande taille (A et B) prennent place à l'extrémité de la surface de réparation, alors qu'un plus petit (C), qui excelle aux frappes de la tête, prend place environ neuf mètres derrière eux.

Lorsque le joueur de coin (D) amorce sa course en vue de frapper un corner avec élan intérieur, les joueurs A et B franchissent au pas de course la surface de réparation et obliquent vers le premier poteau. Le joueur C tente alors de toucher le ballon au deuxième poteau en le frappant de la tête pour marquer un but. Au cours d'un match, il est probable qu'en se déplaçant, les joueurs A et B attireront les marqueurs auprès d'eux, ce qui laisserait le champ libre au joueur C pour tirer au but.

Exercice 58
PROGRESSION

Objectif : S'exercer à marquer d'un coin en frappant de la tête dans un cadre réaliste
Joueurs : 7
Niveaux : Intermédiaire, avancé
Équipement : 1 but réglementaire, 1 ballon

Alors que les joueurs perfectionnent les mouvements de cet exercice, trois défenseurs peuvent se joindre à eux pour ajouter au réalisme de la situation ; ainsi, les attaquants devront réfléchir à leur position avant d'agir.

Exercice d'adresse 37

Dans un coup préparé, chacun des joueurs doit savoir ce qui va se produire. Pour ce faire, le meilleur moyen consiste à attribuer un code gestuel à chaque mouvement ou déplacement. Avant d'exécuter un corner, vous pourriez lever les bras ou poser une main sur votre tête afin de signaler à vos coéquipiers le type de coup projeté. Ce langage doit demeurer simple car les joueurs doivent se concentrer sur le jeu et non chercher à comprendre un code gestuel complexe.

La précision des coups préparés

EXERCICE 59
LES RENTRÉES DE TOUCHE LONGUES ET COURTES

Objectif : S'exercer aux rentrées de touche
Joueurs : 3
Niveaux : Débutant, intermédiaire, avancé
Équipement : 1 ballon

Il importe de vous exercer aux rentrées de touche sur de courtes et de longues distances. Le joueur A lance le ballon au joueur B qui le lui renvoie à son tour. Autrement, le joueur A lance le ballon au joueur B qui, après chaque lancer, recule de quelques pas pour que la distance entre eux augmente. Le joueur C les observe et, lorsqu'il constate une faute, il oblige les lanceurs à une punition (par exemple exécuter cinq tractions sur les mains).

Exercice d'adresse 38

Une longue rentrée de touche peut s'avérer aussi efficace qu'un corner ; aussi, plusieurs joueurs d'une équipe doivent être en mesure d'exécuter ce lancer sur une longue distance. Ici, le tronc supérieur est mis à contribution ; pour le fortifier, quelques exercices de gymnastique s'imposent. Un joueur chargé d'une rentrée de touche doit conserver les pieds au sol. Il doit lancer le ballon des deux mains, dont la trajectoire s'amorce derrière sa tête. Il faut saisir le ballon fermement, placer les mains de manière à former un *W*, les pouces doivent se toucher. Pour effectuer une rentrée de touche en position debout, ancrez vos pieds solidement dans le sol et pointez les orteils vers l'extérieur. Tenez le ballon au-dessus de votre tête, vérifiez la position de vos mains, et penchez-vous vers l'arrière de sorte que votre tête et vos épaules soient moins hautes. Allongez ensuite le dos, déplacez les épaules et les bras vers l'avant et lâchez le ballon lorsque vos mains se trouvent au plus haut point. D'ordinaire, on a recours à ce type de lancer lorsque le ballon doit parcourir une courte distance. Pour donner davantage de dynamisme à un lancer afin que le ballon parcoure une longue distance, faites quelques pas devant, portez votre poids sur le pied posé devant l'autre au moment du lancer, en veillant à ce que le pied arrière reste toujours au sol. La plupart des fautes commises lors d'une rentrée de touche sont attribuables au soulèvement du pied arrière et certains juges et arbitres veillent scrupuleusement au respect de cette règle. De plus, prenez garde à ce que votre pied ne dépasse pas la ligne de touche.

La précision des coups préparés

EXERCICE 60
LE RETOUR DU BALLON AU PASSEUR

Objectif : S'exercer à retourner le ballon au passeur après une remise de touche
Joueurs : 2
Niveaux : Débutant, intermédiaire, avancé
Équipement : 1 ballon

Le lanceur est rarement marqué par un joueur adverse ; aussi, on peut conserver la possession du ballon après une remise de touche en le lui renvoyant. Il peut profiter du temps dont il dispose avant qu'un adversaire s'approche de lui pour courir avec le ballon, effectuer une passe ou un croisé.

Le joueur A lance le ballon au joueur B qui se trouve à sept mètres de lui. Le joueur B peut contrôler le ballon et le relancer au passeur ou, mieux encore car ce dernier disposera de plus de temps lorsqu'il récupérera le ballon, le lui renvoyer à la volée d'un coup latéral ou à la demi-volée.

108 **La précision des coups préparés**

EXERCICE 61
LA REMISE DE TOUCHE PARALLÈLE

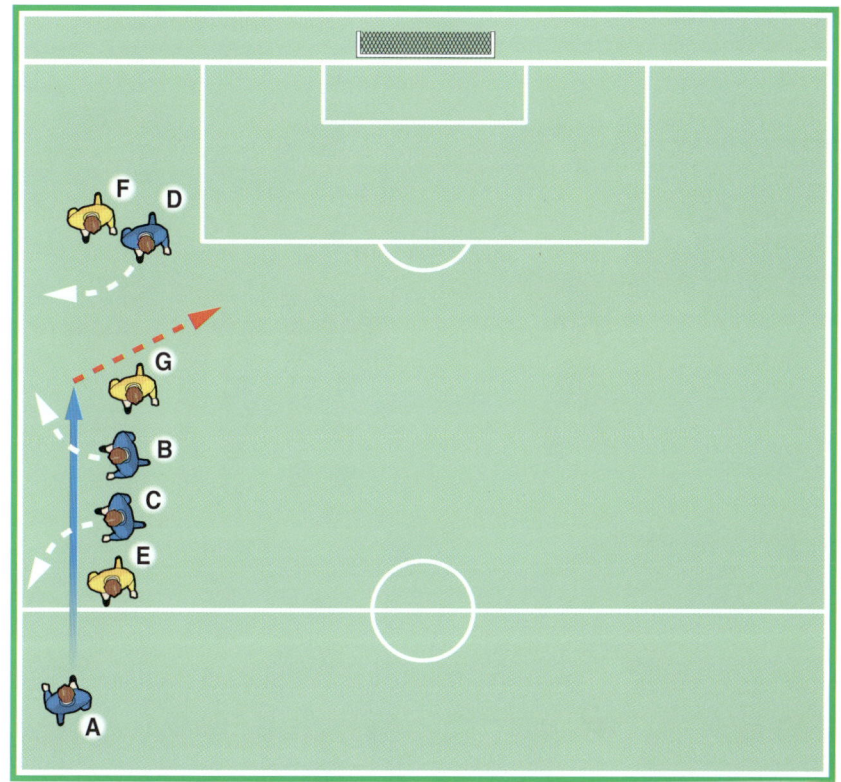

Objectif : S'exercer à la remise de touche le long de la ligne
Joueurs : 7
Niveaux : Débutant, intermédiaire, avancé
Équipement : 1 ballon

Lorsqu'une équipe exécute une remise de touche au cœur de son territoire, le meilleur moyen d'évacuer le ballon de la zone dangereuse consiste à le relancer le long de la ligne de touche. Un joueur s'applique à relancer le ballon sur une trajectoire parallèle à la ligne de touche, alors qu'un receveur le frappe de l'arrière de la tête, le contrôle et se tourne ou alors il le passe à un coéquipier.

Pour l'essentiel, la technique employée est celle d'une remise de touche sur une longue distance. Le joueur A lance le ballon à l'un de ses trois coéquipiers (les joueurs B, C et D), lequel court le long de la ligne de touche. Trois joueurs adverses (E, F et G) tentent de s'emparer du ballon.

Juan Sebastian Veron du Lazio manipule le ballon le long de la ligne de touche. ▼

EXERCICE 62
LE COUP FRANC

Objectif : S'exercer au coup franc direct et acquérir force et précision
Joueurs : De 5 à 7
Niveaux : Intermédiaire, avancé
Équipement : 1 but réglementaire, 20 ballons

L'attaquant italien Gianfranco Zola et le milieu de terrain anglais David Beckham ont à leur actif une moyenne de un but pour trois coups francs à l'extérieur de la zone. Cela tient à ce qu'ils ont travaillé ce mouvement jusqu'à la perfection. Chacun s'est astreint à de longues heures d'exercice supplémentaire après les séances d'entraînement pour acquérir de la précision, de la souplesse et de la force.

Exercez-vous au coup direct en direction du filet à partir de différentes positions médianes dans la zone de 27 mètres à l'extérieur de la surface de réparation. Formez un mur composé de trois, quatre ou cinq joueurs, avec les deux plus grands aux extrémités. Le gardien doit disposer le mur de sorte qu'il obstrue l'un des côtés du filet alors que lui-même défend l'autre. Exercez-vous à contourner le mur à l'aide d'un crochet ou à propulser le ballon au-dessus du mur en direction de la zone sans protection. Autrement, percez le mur à l'aide d'un lancer de puissance.

CONSEILS POUR L'ENTRAÎNEUR
- Envisagez d'acheter ou de fabriquer un faux mur à l'aide de mannequins ou de formes découpées dans du carton pour que chacun puisse s'exercer au coup franc en solo.
- Le coup le plus difficile à intercepter est celui qui parvient dans un angle supérieur du filet. Suspendez un pneu à une corde à l'un des angles supérieurs du but et demandez aux joueurs de porter le ballon à l'intérieur du pneu. C'est ainsi que David Beckham s'exerce au tir de précision.

Exercice d'adresse 39

On exécute une frappe brossée de la même manière qu'un corner avec élan intérieur, mais on y ajoute un effet de rotation en soulevant légèrement le pied au moment de lui faire contourner le mur défensif. Lorsque ce mouvement est exécuté à la perfection, le gardien est pratiquement incapable d'intercepter le ballon, mais il s'agit d'un mouvement particulièrement difficile à maîtriser.

Christian Ziege exécute un coup franc en ligne courbe afin de contourner le mur de la défense. ▼

La précision des coups préparés

chapitre huit

LES DÉFENSIVES

Les joueurs défensifs n'atteignent peut-être pas la gloire d'un attaquant ou d'un milieu de terrain, mais leur rôle au sein de l'équipe importe tout autant et l'habileté dont ils doivent faire montre est tout aussi difficile à acquérir et à parfaire. Un défi tardif, un dégagement de la ligne de but ou une défense en ligne expertement menée a autant de valeur qu'un but marqué de façon spectaculaire. La défense n'est pas l'affaire d'un joueur seul et les coéquipiers doivent apprendre à jouer de façon concertée, à faire œuvre commune, tout en améliorant leurs qualités individuelles.

Un bon joueur défensif doit être polyvalent. Il doit pouvoir tacler un attaquant prêt à employer toutes les ruses. Il lui faut manœuvrer un joueur qui se trouve en position dangereuse pour l'amener en position inoffensive sans toucher le ballon. Il doit pouvoir frapper le ballon de la tête pour l'évacuer d'une zone dangereuse, quelle que soit sa provenance. Il doit vite cerner la situation afin de prévoir les mouvements des joueurs d'attaque qu'il tente d'invalider. Il doit conserver et contrôler le ballon comme un avant et le passer comme un milieu de terrrain. Il doit être puissant et rapide.

Les exercices de ce chapitre visent à améliorer le rendement défensif de l'équipe dans son ensemble et de chacun des joueurs en particulier. De nos jours, tous les joueurs de soccer doivent être de bons défenseurs, même les attaquants. N'oubliez pas que, lorsqu'une équipe ne dispose pas du ballon, la défense reste la meilleure attaque qui soit.

PAOLO MALDINI

Nombre d'observateurs professionnels estiment que l'Italien Paolo Maldini est le meilleur défenseur du monde. On trouve chez celui qui peut jouer arrière-gauche ou au centre de la défense toutes les qualités néccessaires à un défenseur. Il tacle adroitement, il contrôle bien le ballon, il est habile dans les airs et, surtout, il cerne une situation sur le vif comme pas un. Le fait qu'il se trouve toujours au bon endroit au moment opportun ne relève pas du hasard : c'est grâce à son flair inouï quand il s'agit de déterminer sa position et à sa faculté d'anticiper l'action de l'adversaire et d'en préparer la parade.

EXERCICE 63
LA FRAPPE DE LA TÊTE DÉFENSIVE

Objectif : Améliorer la frappe de la tête défensive
Joueurs : 2
Niveaux : Intermédiaire, avancé
Équipement : 1 ballon

Afin de l'emporter sur un autre joueur dans les airs, il faut prendre position sans tarder, chronométrer le saut et se concentrer sur le ballon et non pas sur l'autre joueur.

Le joueur A lance le ballon par en dessous, à bonne hauteur en direction d'un défenseur (le joueur B), qui se trouve à neuf mètres de lui. Le joueur B doit courir vers le ballon et le frapper de la tête le plus haut possible pour le renvoyer au joueur A.

Exercice 63
PROGRESSION
Objectif : S'exercer à la frappe de la tête défensive sous pression
Joueurs : 3
Niveaux : Intermédiaire, avancé
Équipement : 1 ballon

Au cours d'un match, un joueur défensif aura peu souvent l'occasion de frapper le ballon de la tête sans contrainte. Il sera toujours susceptible de faire face à un adversaire désireux de s'emparer du ballon.

Pour ajouter à la difficulté de l'exercice de départ, demandez à un autre joueur (C) de prendre place à mi-chemin entre les joueurs A et B. Il a pour tâche de défier A et B, de chercher à s'emparer du ballon et d'empêcher B de réussir sa frappe de la tête. Le joueur B doit s'emparer du ballon car il dispose d'une course de départ sur cinq mètres, laquelle devrait lui donner la possibilité de supplanter son adversaire. Le joueur C ne doit commettre aucune faute en faveur de son adversaire. Il doit capter le ballon sans commettre aucune infraction.

EXERCICE 64
REPOUSSER LE BALLON

Objectif : S'exercer à repousser le ballon sur le mode défensif
Joueurs : 2
Niveaux : Intermédiaire, avancé
Équipement : 1 ballon

S'il est vrai que souvent les joueurs défensifs doivent tenter, non seulement de s'emparer du ballon, mais également d'en prendre possession en faveur de leur équipe, dans une situation dangereuse à l'intérieur ou à proximité de la surface de réparation, la chose sensée consiste souvent à dégager le ballon pour qu'il vole en zone sûre, le plus loin possible ou en touche pour que l'équipe puisse se regrouper.

Cet exercice vise à améliorer l'adresse des défenseurs pour repousser le ballon qui s'apprête à pénétrer en zone sûre, qu'il s'agisse d'un ballon haut, d'un ballon bondissant, d'un ballon bas, d'un ballon dur qui rafle le sol.

Le joueur A prend place à neuf mètres à l'extérieur de la surface de réparation et se met à lancer le ballon selon des hauteurs, des angles et des vitesses variés. Concentrez-vous sur la volée et la demi-volée puisque ce sont les mouvements où le ballon est le plus difficile à capter, à contrôler et à passer à un coéquipier et que, conséquemment, ils incitent à dégager le ballon en zone sûre. Le défenseur (le joueur B) doit recevoir tous les coups et renvoyer le ballon en zone adverse ou hors jeu.

Exercice d'adresse — 40

La volée avec la face interne du pied est un moyen sûr de dégager le ballon loin d'une surface de réparation bondée. En établissant le contact avec la face interne du pied plutôt qu'avec le cou-de-pied, vous aurez davantage de contrôle sur la manière dont vous dégagez le ballon et sur sa trajectoire. Dans le feu d'une action défensive, un coup manqué ou une volée coupée peuvent redonner possession du ballon à l'équipe adverse, mais une volée avec la face interne du pied atténue ce risque.

◀ Kevin Muscat et Bob Taylor rivalisent pour s'emparer du ballon dans la Division Un de l'Angleterre.

Exercice 64
PROGRESSION
Objectif : S'exercer à jouer ensemble sur le mode défensif
Joueurs : 5 ou 6
Niveaux : Intermédiaire, avancé
Équipement : 1 ballon

Faites cet exercice en ajoutant trois ou quatre défenseurs dans la surface de réparation. Ainsi, ils devront communiquer entre eux afin de s'entendre sur celui qui se précipitera sur le ballon.

Les défensives

EXERCICE 65
LE TACLE DE FACE

Objectif : S'exercer au tacle de face de façon sûre et efficace
Joueurs : 2
Niveaux : Intermédiaire, avancé
Équipement : Cônes de repère, 1 ballon

Alignez les cônes en deux lignes parallèles de manière à tracer un couloir de quatre mètres de long et de deux mètres de large. Le joueur A court avec le ballon à partir d'une extrémité ; le joueur B part de l'autre extrémité et tente de le déposséder du ballon. N'oubliez pas que le tacle peut se solder par une blessure ; vous devez donc faire preuve d'adresse. Il s'agit ici d'un exercice d'entraînement pour lequel vous devez faire preuve de prudence. Le tacle défensif nécessite de la concentration, de l'exactitude et la volonté de s'emparer du ballon. Un joueur qui n'y mettrait pas tout son cran ou qui ne porterait pas son poids vers l'arrière serait susceptible de se blesser.

Exercice d'adresse · 41

Pour exécuter un tacle de face, concentrez-vous sur le ballon mais ayez conscience du mouvement des pieds et du corps de votre adversaire. Il est de la plus haute importance de choisir le moment où vous bondirez sur le ballon. L'occasion tout indiquée vous est fournie lorsque votre adversaire songe un instant aux possibilités qui s'offrent à lui. Lorsque vous vous dirigez vers le ballon, assurez-vous de le toucher sinon vous lui donnerez un coup franc ou vous chuterez alors que votre adversaire s'éloignera en emportant le ballon à ses pieds.

Pour ce tacle, vous attaquez l'adversaire de face ; vous devrez donc stopper le ballon avec fermeté mais discernement en vous servant de la face interne du pied pour vous en emparer. Ne vous penchez pas vers l'arrière ; au contraire, penchez-vous vers l'avant afin que votre poids se trouve au-dessus du genou de la jambe qui tacle et qu'il supporte la tension.

Vous ne vous emparerez pas du ballon à tout coup mais, si vous réussissez ce mouvement, vous freinerez la montée de l'équipe adverse et vous n'aurez plus qu'à espérer que l'un de vos coéquipiers reprenne le ballon.

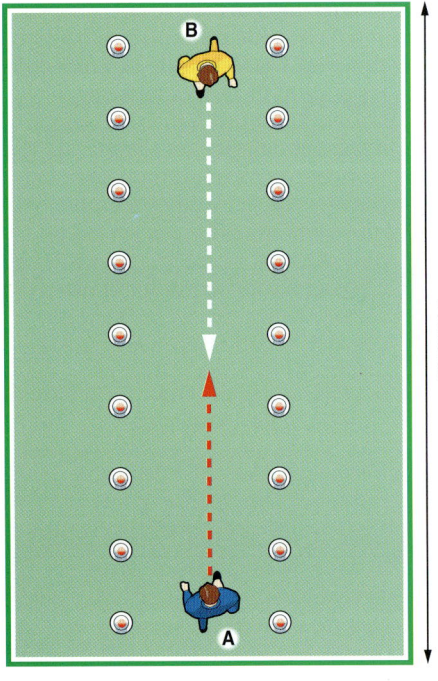

▶ Japp Stam de la Manchester United exécute un tacle glissé parfait.

Les défensives

EXERCICE 66
LE TACLE GLISSÉ

Objectif : S'exercer au tacle glissé de façon sûre et efficace
Joueurs : 2
Niveaux : Intermédiaire, avancé
Équipement : Cônes de repère, 1 ballon

Le tacle glissé est, plus que le tacle de face, un recours défensif de dernière minute. Il s'agit d'un mouvement très risqué, difficile à réussir et, s'il y a faute, vous devrez probablement concéder un coup franc ou de réparation, vous vous attirerez des ennuis auprès de l'arbitre ou votre adversaire marquera un but.

Cet exercice doit être dirigé avec soin et exécuté avec prudence. Rappelez-vous qu'il s'agit d'un exercice d'entraînement et qu'aucun joueur ne devrait tenter un tacle s'il n'est pas assuré de s'emparer du ballon. De plus, exercez-vous sur un terrain herbeux plutôt que sur une surface durcie.

Les joueurs A et B sont côte à côte à deux mètres l'un de l'autre. Le joueur A possède le ballon. Au coup du sifflet, les deux joueurs courent droit devant et le joueur B tente de glisser sur le côté, de se pencher vers l'arrière et de frapper le ballon à l'aide de sa jambe tendue.

Exercice d'adresse 42

Lorsque vous tentez un tacle glissé, vous devez connaître les règles du jeu. Pour l'essentiel, si on juge que vous avez taclé un joueur de l'arrière, on considère qu'il s'agit d'une faute grave et, si les juges observent les règles à la lettre, vous serez retiré, même si vous avez intercepté le ballon sans bavure. Le message est clair : lorsque vous tentez un tacle glissé, assurez-vous d'être devant votre adversaire ou à sa hauteur.

Les défensives

EXERCICE 67
LE HARCÈLEMENT DÉFENSIF

Objectif : S'exercer au harcèlement défensif devant un adversaire
Joueurs : 2
Niveaux : Débutant, intermédiaire, avancé
Équipement : 1 ballon

L'une des techniques défensives parmi les plus importantes repose sur un mouvement pourtant peu évident : il s'agit de manœuvrer auprès d'un joueur adverse pour gêner ses déplacements ou le contraindre à se diriger vers une zone moins dangereuse (son progrès sur le terrain est ainsi ralenti ou stoppé).

Souvent, à la vue d'un joueur qui court vers lui avec le ballon, un défenseur réagit d'instinct en tentant de le tacler mais il est généralement plus sûr de rester debout, dos au but s'il le faut (bien qu'il faille toujours courir en parallèle, devant le joueur d'attaque mais dans la même direction que lui, sans jamais perdre le ballon de vue) et d'amener l'adversaire à déployer un mouvement ou une tactique inhabituels afin de réussir sa percée.

Le ballon se trouve aux pieds du joueur A, qui court ensuite vers le joueur B, lequel recule un peu, debout sur ses pieds, harcèle le premier, forme un écran pour l'empêcher de progresser. En cours d'exercice, les deux joueurs changent de position.

Exercice d'adresse 43

Lorsque vous harcelez un joueur d'attaque, il faut évaluer la situation sous l'angle tactique et décider de l'endroit où vous tenterez de le contraindre à reculer. En vous plaçant soit à la droite, soit à la gauche du ballon qui s'approche, vous pourrez contraindre le joueur d'attaque à se diriger là où vous le voulez – si vous obstruez son parcours à sa gauche, alors il devra filer vers la droite. C'est ce que l'on appelle le détournement vers l'intérieur ou l'extérieur.

Ainsi, si plusieurs défenseurs de grande taille se trouvent à l'intérieur de la surface de réparation, vous auriez avantage à contraindre l'attaquant à dévier en largeur, de sorte qu'il n'ait plus qu'à tenter un croisé, dont les joueurs défensifs se chargeront.

EXERCICE 68
LA DÉFENSIVE INDIVIDUELLE (1 CONTRE 1)

Objectifs : S'exercer à marquer un joueur, à capter le ballon et à en garder possession, et à encercler l'adversaire

Joueurs : 16

Niveaux : Intermédiaire, avancé

Équipement : Cônes de repère, 1 ballon

◀ Diego Simeone talonne Andrei Shevchenko lors de la série A en Italie.

Voici un excellent exercice pour améliorer les tactiques défensives qui permet également de s'exercer au contrôle du ballon lorsque la marge de manœuvre est serrée.

La défensive se préoccupe moins de l'endroit où se trouve le ballon que de l'emplacement des joueurs d'attaque. Autrement dit, il faut marquer les joueurs. Chaque joueur de l'équipe en défense marque un joueur de l'équipe adverse et le suit dans ses déplacements, s'assure de ne pas le laisser filer et qu'il ne dispose pas d'une zone libre où recevoir le ballon ou qui lui permettrait de tirer au but.

Délimitez une surface de 18 mètres carrés et posez dans chacun des angles deux cônes à 60 centimètres de distance. Répartissez les seize participants en deux équipes de huit. Quatre joueurs de chaque équipe prennent place à l'intérieur du carré, alors que les autres rejoignent les côtés (deux joueurs de chaque équipe prennent place entre les cônes).

Les participants jouent quatre contre quatre. Le ballon est à l'équipe A (ici en bleu) qui tentera d'en garder possession. L'équipe B (en jaune) tente d'encercler ses adversaires et de marquer chacun d'eux, de sorte que le joueur de l'équipe A qui détient le ballon ne puisse le passer à aucun de ses coéquipiers. Le but de l'exercice consiste à faire passer le ballon entre l'un ou l'autre des buts délimités par les cônes. Lorsqu'une équipe marque un point, les joueurs sur le terrain changent de position avec ceux qui les observaient ; cette fois, l'équipe B détient le ballon et l'équipe A tente de s'en emparer. Si le ballon s'échappe du périmètre, les joueurs qui observent le relancent à leurs coéquipiers.

Chacune des séances à quatre contre quatre ne devrait pas durer plus de cinq minutes, car cet exercice est très exigeant tant sur le plan physique que psychologique.

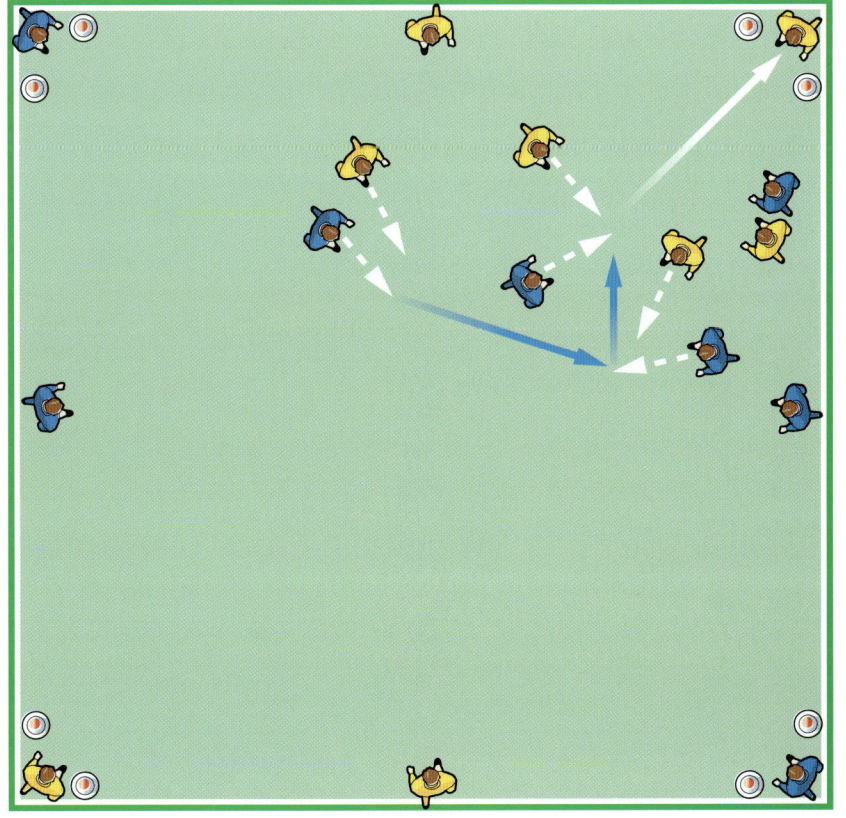

Les défensives

chapitre neuf

UN JEU D'ÉQUIPE

Une équipe aurait beau disposer des meilleurs joueurs du monde, s'ils ne collaborent pas sur le terrain, ils ne formeront pas une bonne équipe. Le soccer est un jeu d'ensemble pour lequel chacun des participants doit apporter sa contribution à l'effort collectif sans jamais oublier le but de l'exercice : remporter la victoire.

Chaque joueur qui participe à un jeu d'ensemble doit saisir exactement ce que fait chacun de ses coéquipiers et pourquoi. Il doit prévoir les réactions de ses coéquipiers à force de les connaître et pressentir la trajectoire d'une poursuite ou la direction d'une passe. Une équipe est une machine et le jeu d'ensemble est le lubrifiant grâce auquel chacun des éléments s'articule sans heurt.

Le jeu d'ensemble tient également à une disposition, à une mentalité. Une équipe doit être solidaire et s'abstenir de toute querelle qui risque d'entraîner une désunion. Il revient à l'entraîneur de gonfler le moral des joueurs mais chacun des membres d'une équipe doit coopérer en ce sens.

C'est seulement au fil des matchs, à force de jouer ensemble, que les participants peuvent consolider leur solidarité et percevoir les possibilités et les limites de leurs congénères. Cependant, on peut mesurer l'entraide et le dévouement au groupe sur le terrain d'entraînement, pour peu qu'une attitude indiquée préside aux séances.

Les exercices d'entraînement présentés dans ce chapitre éprouveront la solidarité des joueurs de votre équipe. Ils sont précisément conçus afin d'enseigner aux joueurs que le soccer n'offre pas une vitrine pour le talent d'un individu mais qu'il s'agit d'un véritable jeu d'équipe.

FRANCE

Lors de la coupe du monde de soccer en 1998, l'équipe de France a remporté le tournoi grâce à une solidarité exemplaire contre les Brésiliens, dont le jeu reposait avant tout sur de brillantes performances individuelles. On ne connaissait alors à la France aucun attaquant de niveau international, mais son jeu d'ensemble lui a permis de contrer ce désavantage, de marquer de toutes les positions, notamment lorsque l'arrière Lilian Thuram a marqué deux buts lors de la semi-finale contre la Croatie.

États-Unis

L'écrasante victoire qu'ont remportée les États-Unis devant 90 000 amateurs en juin 1999 marqua le triomphe du jeu d'ensemble. Ils purent s'approprier la coupe du monde, malgré la chaleur féroce qui s'abattait sur Pasadena, en raison de leur solidarité, leur détermination et leurs tactiques, doublées bien sûr de l'adresse de chaque joueur. En présence de l'équipe de Chine tout aussi motivée et structurée, les Étatsuniennes maintinrent leur discipline défensive et une frappe de la tête de Kristine Lilly permit d'éviter un but, ce qui illustra un bel effort d'ensemble. Lorsqu'il s'est agi de démontrer la force psychologique nécessaire à un lancer de réparation et que Brandi Chastain a frappé le coup gagnant, ils ont prouvé qu'ils étaient à la hauteur de la tâche.

EXERCICE 69
LE REFOULEMENT

Objectif : S'exercer à la défense collective et resserrer l'aire de jeu
Joueurs : 7
Niveaux : Intermédiaire, avancé
Équipement : 1 terrain réglementaire, 1 ballon

Une défense performante repose essentiellement sur la position des joueurs. Chacun doit avoir conscience de l'endroit où ses coéquipiers se trouvent. au cours d'une défensive collective, les joueurs doivent remonter le terrain lorsqu'ils possèdent le ballon et resserrer l'espace de jeu, de sorte que, si l'équipe adverse s'en empare, elle disposera d'une aire de jeu restreinte.

Cet exercice simple permet de s'exercer à la remontée du terrain et de resserrer l'aire de jeu. Lorsque l'équipe tente une remontée du terrain, sa ligne défensive doit être sans faille. Si un joueur est plus lent que les autres, il peut jouer avec un joueur d'attaque qui se trouve de l'autre côté du terrain pour lui permettre de tenter un tir.

Deux attaquants (les joueurs A et B) jouent contre quatre défenseurs (C, D, E et F) et un gardien (le joueur G). Il faut inciter les attaquants à tirer au but. Aussitôt que le gardien a le ballon en sa possession, sur l'ordre d'un défenseur centre, tous les défenseurs doivent former une ligne et remonter en zone adverse. Les joueurs défensifs doivent écouter les ordres du meneur et remonter le terrain en conséquence, en prenant soin de respecter la ligne droite.

Ronaldo tente de battre son rival marocain au ballon. ▶

Un jeu d'équipe

EXERCICE 70
LE HORS-JEU

Objectif : S'exercer au hors-jeu comme tactique défensive
Joueurs : 7
Niveaux : Intermédiaire, avancé
Équipement : 1 terrain réglementaire, 5 ballons

Lorsqu'une défensive est disciplinée et que la communication est bien établie entre les défenseurs, une équipe peut hausser d'un cran le refoulement en tentant une position de hors-jeu. Il s'agit d'une tactique particulièrement efficace devant un coup de pied au but ou un lancer de loin en provenance du gardien de l'équipe adverse alors que, à un signal, toute l'équipe en défensive peut s'avancer et mettre hors jeu les attaquants de l'équipe adverse.

Cet exercice requiert une défense en ligne exécutée en marchant au pas. D'ordinaire, on élabore une défense en ligne autour de quatre joueurs défensifs (A, B, C et D) qui doivent s'aligner sur la ligne médiane ou derrière elle. Deux attaquants leur feront face (les joueurs E et F), qui anticiperont un ballon frappé en longueur au-dessus de leur tête.

À un moment précis (par exemple lorsque le gardien exécute le premier mouvement de son botté tombé), les quatre défenseurs reculent d'un pas. L'un des défenseurs centre doit lancer un appel à ses coéquipiers en ce sens.

Dès qu'ils ont reculé, et juste avant le coup d'envoi du ballon, les défenseurs doivent s'avancer de trois ou quatre pas. Avec un peu de chance, lorsqu'ils ont reculé, les avants les auront suivis, pour les mettre hors jeu à l'instant où le ballon est botté et les défenseurs ont repris leur remontée du terrain.

Lorsque les joueurs maîtrisent l'exercice à la vitesse de la marche à pied, ils le tentent à un rythme de course.

Exercice 70
PROGRESSION A
Objectif : S'exercer à mettre l'adversaire hors jeu à une vitesse réaliste
Joueurs : 10
Niveaux : Intermédiaire, avancé
Équipement : 1 terrain réglementaire, 5 ballons

Les quatre défenseurs (A, B, C et D) forment une ligne et marquent les joueurs E et F à la circonférence du rond central. Le joueur G détient le ballon de l'autre côté du rond central.

Les défenseurs sont alignés vis-à-vis les deux attaquants. Lorsqu'ils voient que le joueur G s'apprête à botter le ballon, ils font une remontée en espérant mettre les deux attaquants hors jeu lorsque le ballon se déplacera. Ils doivent lever les mains pour signaler une passe hors jeu aussitôt que le ballon est botté et pour signifier qu'ils sont prêts à engager la poursuite si d'aventure un hors-jeu n'était pas accordé.

Deux autres joueurs doivent servir d'arbitres et juger si un hors-jeu est accordé ou pas.

Exercice 70
PROGRESSION B
Objectif : S'exercer à former un front défensif et à tenir la ligne
Joueurs : 7
Niveau : Avancé
Équipement : La moitié d'un terrain réglementaire, 5 ballons

Cet exercice allie la défense en ligne, le refoulement et le resserrement de la zone de jeu.

Quatre défenseurs (les joueurs A, B, C et D) jouent contre trois attaquants (E, F et G). Les attaquants se trouvent dans le rond central en possession du ballon et tentent d'écraser la défense alors que les défenseurs s'efforcent de conserver la ligne droite et de remonter le terrain pour empêcher leurs adversaires de se mouvoir et de se passer le ballon.

À différents intervalles au fil de l'exercice, tous les joueurs doivent s'immobiliser exactement là où ils se trouvent et évaluer leurs positions respectives par rapport à leurs coéquipiers et leurs adversaires. Ainsi, chaque joueur découvrira vite ses erreurs. Les défenseurs deviendront experts de la ligne droite et sauront où la situer sur le terrain, en fonction de la position du ballon.

EXERCICE 71
DÉFENSIVE ET OFFENSIVE

Objectif : Consacrer un effort d'ensemble à la défensive et à l'offensive, acquérir l'adresse technique afférente et conserver la forme physique nécessaire à cet effort
Joueurs : 18
Niveaux : Intermédiaire, avancé
Équipement : La moitié d'un terrain réglementaire, 2 buts réglementaires, des cônes de repère, 10 ballons

Le défenseur anglais Sol Campbell ▶ excelle à la course offensive.

Il faut que les joueurs qui exécutent ces exercices soient animés de l'esprit de compétition afin de traduire la réalité des matchs.

Disposez des cônes sur le pourtour de la zone de 18 mètres et la ligne médiane, ainsi qu'à mi-hauteur de ce cadre. Disposez un filet réglementaire portable sur la ligne médiane.

L'exercice requiert deux équipes : A (en jaune) et B (en bleu). Chacune compte neuf joueurs (trois défenseurs, trois attaquants, deux ailiers, et un gardien de but). Trois joueurs d'attaque et trois joueurs défensifs sont placés dans chaque moitié de la zone. Les attaquants sont soutenus par deux ailiers, lesquels se placent entre les cônes et la vraie ligne de touche. Les gardiens prennent place devant les filets.

C'est le coup d'envoi et le match débute. Les attaquants tentent de marquer par tous les moyens, soit en se renvoyant le ballon ou en dribblant, soit en passant aux ailiers pour ensuite tenter d'envoyer leurs croisés dans les filets. Les défenseurs s'efforcent de les arrêter et de lancer le ballon sur l'autre moitié du terrain. Les ailiers ne peuvent pénétrer au-delà des cônes posés parallèlement à la ligne de touche.

Aussitôt le match commencé, les joueurs ne peuvent plus sortir de la moitié du terrain sur laquelle ils sont placés. Cet exercice aidera les joueurs à mieux déterminer leur position sur le terrain.

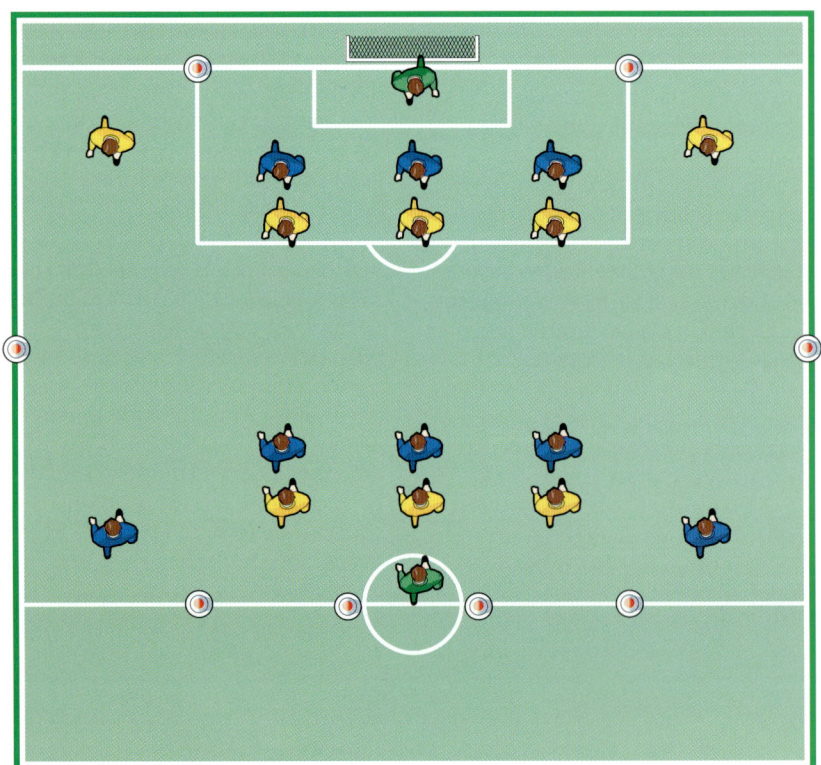

Exercice 71
PROGRESSION

Objectifs : Fortifier la défensive et l'offensive en équipe et améliorer la bonne forme des joueurs
Joueurs : 30
Niveaux : Intermédiaire, avancé
Équipement : La moitié d'un terrain réglementaire, 2 buts réglementaires, des cônes de repère, 10 ballons

Ajoutez 12 joueurs, 6 de chaque côté. Ils doivent tour à tour être alignés le long de la ligne de touche des 18 mètres. Ces joueurs ne peuvent tacler ou tirer au but mais ils peuvent recevoir les passes en provenance de leurs coéquipiers.

Ils changent de rôle après trois minutes.

124 Un jeu d'équipe

EXERCICE 72
LA CONTRE-ATTAQUE

Objectif : Apprendre et s'exercer à la contre-attaque rapide en équipe
Joueurs : 11
Niveaux : Intermédiaire, avancé
Équipement : 1 terrain réglementaire, 1 but réglementaire, 10 ballons

À mesure que les équipes de soccer de tous les calibres sont mieux organisées et que les défensives sont de plus en plus difficiles à contrer, la contre-attaque rapide devient une arme de choix dans l'arsenal stratégique. Souvent, le seul moment où s'ouvre une zone libre qui puisse permettre de tirer au but, c'est lorsqu'une équipe a fait progresser une attaque et que l'autre a conservé la possession du ballon, et qu'elle a vite fait remonter le ballon sur le terrain pour mieux désarçonner l'adversaire.

Les équipes qui excellent à ce jeu comptent des joueurs et des attaquants rapides, capables de faire progresser le ballon avec célérité et précision, de se le passer tout en se déplaçant rapidement. Si les joueurs veulent tabler sur l'instant où leurs adversaires se trouveront les plus vulnérables, alors ils doivent littéralement transformer leur défensive en offensive en une fraction de seconde. Ici, aucune hésitation permise, nul n'a le temps de soupeser les possibilités.

On exécute cet exercice sur la moitié d'un terrain réglementaire. Il incite les attaquants à réagir promptement et à mener une attaque incisive aussitôt qu'ils prennent possession du ballon. Il donne une impulsion aux attaquants qui évoluent alors à une vitesse qui défie les défenseurs.

Alignez une équipe défensive (A en jaune) constituée de quatre défenseurs, deux milieux de terrain et un gardien contre une équipe offensive (B en bleu) composée de quatre joueurs d'attaque. Le ballon est à l'équipe A. Les joueurs se le passent alors que l'équipe B tente de resserrer la zone de jeu et de se l'approprier.

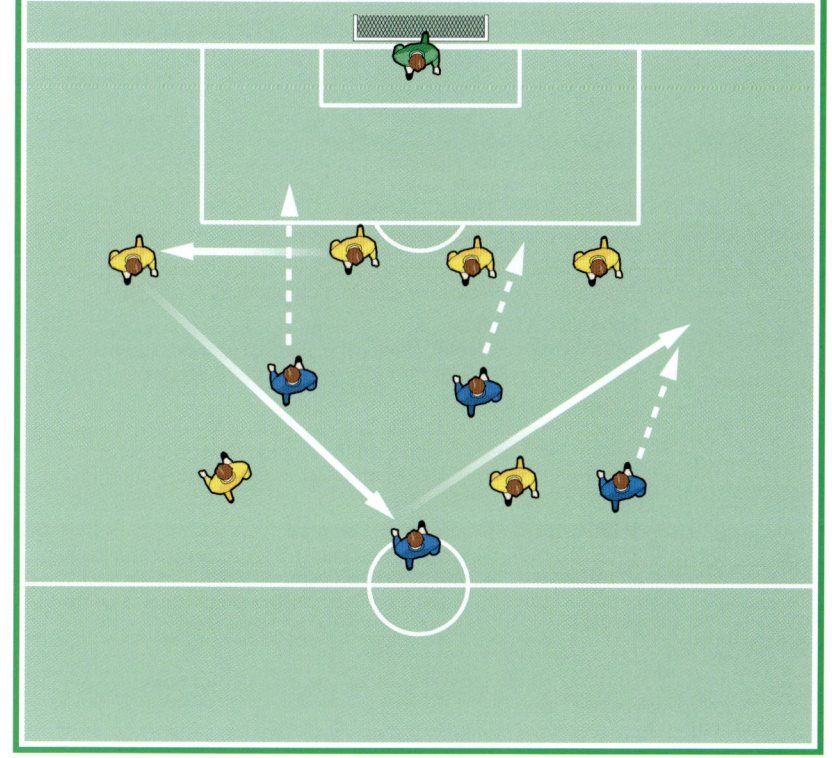

Aussitôt que l'équipe B est en possession du ballon, elle a dix secondes pour tirer droit au but. Si elle n'y est pas parvenue après ce laps de temps, le ballon retourne à l'équipe A et l'on reprend l'exercice du début.

Vous pouvez varier l'exercice en accordant plus ou moins de temps aux attaquants en fonction de leur degré d'adresse. Réduisez le laps de temps dont ils disposent à mesure qu'ils deviennent plus habiles.

Un jeu d'équipe

GLOSSAIRE

ARC DE CERCLE
Demi-cercle situé à la périphérie de la surface de réparation. Pour un tir de réparation, tous les joueurs, à l'exception du tireur et du gardien de but, doivent se trouver à l'extérieur de ce demi-cercle et de la surface de réparation.

ARRÊT
Mouvement par lequel le gardien intercepte un tir au but.

ATTAQUANT
Joueur défensif dont le rôle consiste à marquer des points et à ouvrir des possibilités de but pour ses coéquipiers.

BUT
Mouvement permettant de marquer un point lorsque le ballon franchit entièrement la ligne de but en passant sous la barre transversale et entre les poteaux. Le mot décrit également la structure composée de la barre transversale, des poteaux et du filet à l'intérieur de laquelle le ballon doit se retrouver.

CINQ MÈTRES CINQUANTE (OU SURFACE DE BUT)
Zone rectangulaire à l'intérieur de la surface de réparation où un défenseur dégage le ballon du pied.

CORNER
Quand un joueur défensif envoie le ballon derrière sa ligne de but, l'équipe adverse a le droit de lancer la ballon de la surface de coin, à la rencontre de la ligne de touche et de la ligne de fond.

COUP COCHÉ
Passe ou tir aérien. Le ballon est frappé au sol.

COUP D'ENVOI
Le coup qui marque le début du match, la mi-temps et la reprise du jeu qui suit un but (exécuté par l'équipe qui a concédé le but). Les deux équipes doivent se trouver à l'intérieur de leurs zones respectives pendant le coup d'envoi et celle à qui il revient (un tirage au sort en décide en début de match) doit faire progresser le ballon droit devant.

COUP DE PENALTY
Tir droit au but, à une distance de neuf mètres, accordé en raison d'une faute commise à l'intérieur de la surface de réparation.

COUP DE PIED DE BUT
Coup destiné à remettre le ballon en jeu à partir de la surface de but et exécuté par un joueur en défense ou le gardien, après qu'un joueur offensif a mis le ballon hors jeu en lui faisant franchir la ligne de fond.

COUP FRANC
Coup accordé par l'arbitre à une équipe après qu'un joueur de l'équipe adverse a commis une faute (ou un hors-jeu). On l'exécute à l'endroit où la faute a été commise et les adversaires doivent reculer d'au moins neuf mètres.

CROISÉ
Passe exécutée entre le côté et le centre du terrain, habituellement à l'intérieur de la surface de réparation.

DÉFENSEUR
Joueur qui évolue en général à proximité du but de son équipe, dont la principale tâche consiste à empêcher l'équipe adverse de marquer un but.

FAUTE
Infraction ou incident commis sur le terrain qui enfreint les règlements du jeu.

FAUTE DE MAIN
Infraction commise en manipulant le ballon avec une main ou un bras.

FRAPPE DE LA TÊTE
Coup porté au ballon avec la tête, en particulier le front.

GARDIEN DE BUT
Seul joueur sur le terrain qui peut manipuler le ballon avec les mains. Il peut se déplacer partout mais il ne peut manipuler le ballon à l'extérieur de la surface de réparation de son équipe.

HORS-JEU
Règlement complexe qui édicte qu'un joueur est en hors-jeu lorsque le ballon lui est destiné alors que lui-même se trouve plus près de la ligne de but adverse que le ballon et l'avant-dernier adversaire.

JOUEUR DU MILIEU
Joueur qui évolue en général sur l'espace entre l'offensive et la défensive de son équipe et qui allie ces deux rôles.

LIGNE DE BUT
Ligne reliant les deux poteaux de chacun des buts. Le ballon doit la franchir en entier pour qu'un point soit accordé.

LIGNE DE FOND
Ligne de démarcation des extrémités du terrain.

LIGNE DE TOUCHE
Ligne de démarcation des côtés du terrain.

LIGNE MÉDIANE
Ligne divisant le terrain en deux surfaces égales, parallèle aux lignes de fond.

LOB
Coup ou passe à trajectoire haute.

MUR
Alignement volontaire des défenseurs afin de protéger le but lorsque l'équipe adverse a droit à un coup franc. Les joueurs doivent se trouver à au moins neuf mètres du ballon.

PASSE
Action de passer le ballon à un coéquipier.

PASSE ARRIÈRE
Passe qu'un joueur effectue à l'intention de son gardien. Ce dernier doit botter le ballon, à moins qu'il n'ait été frappé de la tête.

RELANCE À LA MAIN
Après que le ballon a été hors jeu, le gardien le lance à l'aide des deux mains de la ligne de touche pour relancer le match.

RELANCE AU PIED
Botté de dégagement exécuté par le gardien afin de remettre le ballon à ses attaquants profondément en zone adverse.

ROND CENTRAL
Zone sphérique au centre de la ligne médiane. Lors d'un coup d'envoi, les arrières latéraux qui n'ont pas le ballon doivent demeurer dans leurs zones sans poser le pied à l'intérieur du rond central.

SURFACE DE RÉPARATION
Zone délimitée par un périmètre de 16 mètres devant chaque but, à l'intérieur de laquelle le gardien peut saisir le ballon de ses mains et où les fautes de l'équipe en défense sont punissables d'un tir de penalty.

TIR AU BUT
Tir direct en direction du but afin de marquer un point.

VOLÉE
Coup de pied exécuté sur le ballon en altitude.

ADRESSES UTILES

ASSOCIATIONS

Association canadienne de soccer
237, rue Metcalfe
Ottawa (Ontario)
Canada K2P 1R2
Téléphone : 1 (613) 237.7678
Télécopie : 1 (613) 237.1516
Courriel : info@soccercan.ca
Site Web :
www.canoe.ca/SoccerCanada/

Centre canadien d'administration du sport et de la condition physique
1600, promenade James-Naismith
n° 307
Gloucester (Ontario)
Canada K1B 5N4
Téléphone : 1 (613) 748.5602
Télécopie : 1 (613) 748.5706
Site Web : www.cdnsport.ca

Fédération Internationale de Football Association (FIFA)
FIFA House, Hitzigweg 11, C.P. 85
8030 Zurich, Suisse
Téléphone : 011.41.1.384.9595
Télécopie : 011.41.1.384.9696
Site Web : www.fifa.com

Sport Canada
15, rue Eddy
8e étage
Hull (Québec)
Canada K1A 0M5
Courriel : sportcanada@pch.gc.ca

Temple de la renommée des sports du Canada
Exhibition Place
Toronto (Ontario)
Canada M6K 3C3
Téléphone : 1 416 260.6789
Télécopie : 1 416 260.9347
Site Web :
http://home.inforamp.net/~cshof/

MAGAZINES ÉLECTRONIQUES

FIFA News; FIFA
FIFA House, Hitzigweg 11, C.P. 85
8030 Zurich, Suisse
http://www.fifa.com/fifa/pub/index.magazine.html

Fundamental Soccer
828 E. Portland
Fresno (Californie)
États-Unis 93720
http://www.fundamentalsoccer.com

Major League Soccer
110 East 42nd Street, 10e étage
New York (New York)
États-Unis 10017
Téléphone : 1 (212) 450.1200
Télécopie : 1 (212) 450.1300
http://www.mlsnet.com

La Cancha
http://www.lacancha.com

INDEX

Alexander, Graham 27
Alimentation :
  boissons 18
  matières grasses 17
  protéines 17
    sources animales 17
    sources végétales 17,18

Baggio, Roberto 79
Beckham, David 99, 103
Berkovic, Eyal 45
Bilde, Giles (de) 23
Bullock, Tony 90

Campbell, Sol 49, 124, 125
Code gestuel 106
Cruyff, Johan 79
Curle, Keith 73

Deschamps, Didier 37

Entraînement :
  Avant-saison 13-16
  Course et jogging 13-16
  Hors saison 13

Exercices d'adresse :
  Amorti de la poitrine 30
  Botté avec la face interne du pied 23, 27, 67, 115
  Contrôle du ballon 31
  Corner 100 - 105
  Coup coché 71
  Coup de réparation 72, 73
  Coup de tête renversé 61
  Coup direct 24
  Coup d'œil sur le ballon 50
  Coup franc 98, 109-111, 116, 117
  Dégagement au poing 88
  Dribble 74-80
  Effet de rétro 32
  Frappe de la tête 29, 106
  Frappe de la tête défensive 54, 114
  Frappe de la tête à la diagonale 54
  Frappe de la tête offensive 54, 114
  Harceler un joueur 118
  Interception du ballon 84-97
  Jongler avec le ballon 33
  Marquer d'une frappe de la tête 29, 106, 48-61
  Passer le ballon 36-47
  Passes longues et en hauteur 52
  Propulser pour frapper de la tête (se) 51
  Relance au pied (pour le gardien) 89
  Rentrée de touche 107
  Semi-blocage 25, 26, 30
  Tacle de face 116
  Tacle glissé 117
  Tenir le ballon 93
  Tête déviante 58
  Tête plongeante 59
  Tir au but 62-73
  Volée 28, 69, 105, 115
  Volée avec déhanchement 69

Exercices d'entraînement (selon leurs appellations) :
  Agilité 91
  Attaque du deuxième poteau 102
  Attaque du premier poteau 104
  Ballon au but 95
  Cercle 44
  Contre-attaque 125
  Corner avec élan extérieur 101
  Corner avec élan intérieur 100
  Coup coché 71
  Coup de botte au mur 22, 26
  Coup de réparation 72
  Coup de réparation précis 73
  Coup de tête renversé 60
  Coup franc 110
  Course factice 106
  Coup réussi 65
  Croisé en direction du deuxième poteau 66
  Croisement contrôlé 46
  Défensive et offensive 124
  Défensive individuelle 119
  Dégagement au poing 88
  Déjouer un joueur 82
  Dribble de vitesse 78
  Échauffement en prévision de l'interception 92
  Échauffement pour la frappe de la tête 50
  Exercice pour le pied gauche ou droit 68
  Exercice sous pression 81
  Face à face 97
  Frappe de la tête défensive 114
  Frappe de la tête en hauteur 53
  Frapper et poursuite 41
  Frappe de la tête pour marquer un but 56
  Harcèlement défensif 118
  Hors-jeu 123
  Improvisation libre 80
  Interception au sol 93
  Interception des croisés 86
  Interception des croisés sous pression 87
  Jeu de pieds 16
  Jogger avec le ballon 76
  Jongler avec le ballon 32
  Lancer de puissance 70
  Partage du ballon 90
  Passe avec la face interne du pied 38
  Passe dans le vide 47
  Passe et poursuite 40
  Passe longue 42
  Poursuite et frappe de la tête 55
  Poursuite synchronisée 57
  Refoulement 122
  Relance au pied 89
  Remise de touche parallèle 109
  Rentrées de touche longues et courtes 107
  Repousser le ballon 115
  Resserrer l'angle droit 96
  Retour du ballon au passeur 108
  Semi-blocage avancé 30
  Slalom entre les cônes 77
  Sprint et jogging 14
  Suivez le guide ! 15
  Tacle de face 116
  Tacle glissé 117

Triangle 45
Viser droit au but 64
Volée 69
Volée inattendue 105

Exercices de mise en forme :
  Étirement du tronc inférieur 8-9
  Étirement du tronc supérieur 10-11
  Exercices d'échauffement et d'étirement 7
  Séance de récupération 12

Filan, John 89
Foudy, Julie 25
France 121

Hamm, Mia 78

Jago, Gordon 6
Juninho 26, 28, 75

Maldini, Paolo 113

Niveaux d'adresse 19

Ortega, Ariel 50
Oster, John 82

Potts, Steve 79

Ronaldo 21, 79

Seaman, David 85, 89
Shevchenko, Andrei 63
Solskjaer, Ole Gunnar 67
Stam, Jaap 54, 116-117
Suker, Davor 69

Telfer, Paul 79

Veron, Juan Sebastian 108
Vivas, Nelson 52, 53

Yorke, Dwight 58, 105

Ziege, Christian 111

▲ Quelques joueurs de l'équipe des moins de 21 ans. De gauche à droite : Dave Collis, Yohance Lewis, Sam Turner, Pierre Bolangi, Alex Martin.

Les éditeurs remercient le personnel de Charlton Athletic FC en Angleterre qui a partagé ses connaissances avec générosité et leur a permis de photographier les joueurs sur le terrain.

Ils remercient en particulier Keith Peacock, l'entraîneur de la première équipe et Gary Stevens, qui entraîne l'équipe des moins de 21 ans.

▲ Ils remercient également le Centre d'excellence athlétique (réservé aux femmes) de Charlton et l'Académie de football féminin du Sud-Est (en Angleterre), en association avec le Charlton Community Scheme et le collège Bexley.